L’inconnu de la poste

Du même auteur

La Fabrication de l'information.
Les journalistes et l'idéologie de la communication
(avec Miguel Benasayag)
La Découverte, 2000

Résister, c'est créer
(avec Miguel Benasayag)
La Découverte, 2002

La Méprise. L'Affaire d'Outreau
Éditions du Seuil, 2005
Points nº P2499

Grand reporter. Petite conférence sur le journalisme
Bayard, 2009

Le Quai de Ouistreham
Éditions de l'Olivier, 2010
Points nº P2679

En France
Éditions de l'Olivier, 2014
Points nº P4187

FLORENCE AUBENAS

L'inconnu de la poste

ÉDITIONS DE L'OLIVIER

ISBN 978.2.8236.0985.1

À Marie-Ange, Caroline et Marie,
au PRF forever

Prologue

La première fois que j'ai entendu parler de Thomassin, c'était par une directrice de casting avec qui il avait travaillé à ses débuts d'acteur. Elle m'avait montré quelques-unes des lettres qu'il lui avait envoyées de prison. Quand il a été libéré, je suis allée le voir chez lui à Rochefort, à Foix chez son frère, sur le bassin d'Arcachon chez sa grand-mère. Routard immobile, Thomassin n'aime pas bouger hors de ses bases. Il faut se déplacer. Je voulais en savoir plus sur lui, je le lui avais dit, en précisant que je n'écrivais pas sa biographie, mais un livre sur l'assassinat d'une femme dans un village de montagne, affaire dans laquelle il était impliqué. Mon travail consistait à le rencontrer, lui comme tous ceux qui accepteraient de me voir. Ses réponses à mes questions se perdaient dans le vide. Il répétait : « On en parlera quand tout sera fini… »

À la direction centrale de la police judiciaire, à Nanterre, un gradé m'écoute raconter. « On fera le procès-verbal ensuite. » Après des années de reportage sur ce crime, j'ai été convoquée. Je n'ose pas ajouter « à mon tour », mais c'est pourtant mon impression. Le dossier, que la justice croyait bientôt bouclé, vient de basculer sur un mystère.

« Quel a été votre dernier contact avec Thomassin ? » demande le policier.

C'était en août 2019, dans les derniers jours du mois. Il devait se rendre à une confrontation à Lyon, il était impatient d'y être. Pour lui, ça ne faisait aucun doute : ce serait le dernier acte d'une très longue instruction. Il en attendait beaucoup, persuadé qu'il allait enfin en sortir. Nous nous étions donné rendez-vous au palais de justice, à Lyon. J'arrivais de Paris, l'air vibrait de chaleur. Nous devions nous retrouver à midi. Il était midi.

La placette devant le tribunal paraissait déserte. En m'approchant, j'ai distingué une trentaine de silhouettes, plaquées contre un muret, cherchant désespérément à fuir le soleil dans cette unique flaque d'ombre. Thomassin devait être parmi elles, c'est ce que j'ai pensé. Mais non. J'ai attendu, je l'ai appelé. Son téléphone sonnait dans le vide, ce qui m'a d'abord rassurée. La preuve que sa ligne n'avait pas été coupée, comme ça lui arrive souvent. Plusieurs fois, je me suis précipitée vers un inconnu, croyant que c'était lui. L'heure tournait. J'ai fait le tour du bâtiment, en essayant de repérer les bancs publics. Thomassin a une prédilection pour les bancs publics. Nous y avons passé des après-midi entiers à regarder des films sur mon portable. C'étaient souvent les mêmes, jamais ceux dans lesquels il avait joué. Ensuite, il proposait en général de m'apprendre à faire la manche dans la rue. « Selon les règles », précisait-il avec sérieux. Il vivait des minima sociaux à cette époque.

Je ne l'ai vu nulle part autour du palais de justice de Lyon. Les autres protagonistes de l'affaire sont arrivés un à un, avec leurs avocats. Celui de Thomassin était seul. Puis je les ai vus ressortir du tribunal. La confrontation avait eu lieu sans lui, il ne s'était pas présenté. C'était la première fois. Il avait toujours répondu à la justice.

À la nuit tombée, son téléphone a cessé d'émettre.

J'ai essayé de me souvenir de notre dernière conversation, un détail m'avait peut-être échappé. Nous avions passé beaucoup de temps en ligne à mettre au point son voyage entre Rochefort et Lyon. Il y avait plusieurs trajets possibles, il ne parvenait pas à se décider, il a tranché in extremis. Nous allions raccrocher quand il avait risqué : « Tu crois que tu pourrais me dépanner pour le train ? » Je m'y attendais. C'était son habitude de demander un peu d'argent autour de lui. Son avocat, ses voisins, ses médecins, ses metteurs en scène, ses amis, on y était tous passés. Je suis allée à la poste lui expédier un mandat de cent dix euros, le montant du billet. On s'est appelés une dernière fois, rapidement, juste pour se dire : « Bon voyage. » C'était la veille du départ.

Le palais de justice de Lyon a fini par fermer. Moi, je me suis décidée à rentrer à Paris. Mon TGV allait démarrer, le dernier, quand j'ai réussi à joindre le colocataire de Thomassin à Rochefort. Comme prévu, il l'avait accompagné à la gare, puis l'avait mis dans le train. Ça faisait longtemps qu'il ne l'avait pas vu aussi joyeux que ce matin-là. Pourquoi il n'était jamais arrivé ? Il ne se l'expliquait pas.

« Que s'est-il passé, selon vous ? » m'a demandé le policier.

I

Le crime

1

Au centre du Haut-Bugey, une courte bande de terre se faufile entre les montagnes et permet de relier la France à la Suisse sans grimper sur les sommets. Pour qui s'y arrête, le premier saisissement, c'est un lac au milieu des à-pics. Il est plutôt petit, mais d'un bleu pas comme ailleurs, on le dirait intact, donnant à chacun l'impression d'être le premier à le découvrir.

Ce sentiment est d'autant plus vif que nul ici ne semble en faire grand cas. Le chemin de fer et la voie rapide ceinturent ses berges, avec ici une station-service, là un parking déprimant. Mais l'endroit est trompeur, d'une fausse innocence. Vous n'êtes pas là où vous croyez. Le lac de Nantua n'a rien d'une beauté cachée. Disons peut-être une beauté délaissée. Longtemps, il fut l'étape en vogue sur la route de Genève ou de l'Italie. Dans ses carnets de voyage, à l'été 1832, Alexandre Dumas se répand en pages flatteuses sur ce « lac bleu saphir », « comme un joyau précieux », etc. Plus tard, Édith Piaf, Louis Aragon ou l'Aga Khan ont eu leurs habitudes à l'Hôtel de France et au Belle-Rive, qui faisait aussi cabaret. Fernand Raynaud achetait ses borsalinos chez le chapelier de la rue du

Collège, là où une mercière tente désespérément aujourd'hui de revendre son commerce.

Dans les années 70, la construction de l'autoroute a mis en place le contournement du lac, et donc son abandon. Le dernier palace vient d'être transformé en appartements. Seuls rescapés de sa splendeur passée, les homards gravés sur les vitres de ce qui était jadis le restaurant. Une des nouvelles locataires aurait été incapable de situer Nantua sur la carte de France avant de venir s'y installer. Elle ignorait même que ce nom désignait une ville, croyant qu'il s'agissait seulement d'une sauce, « la sauce Nantua, vous savez, celle qu'on servait autrefois dans les banquets, épaisse et rose comme la porcelaine pour salle de bains ». Elle n'en repartirait plus. On ne quitte pas facilement le coin. Un jour, on voudrait aller voir ailleurs, mais c'est trop tard : quelque chose vous a attrapé ici et ne vous lâche plus. Vous restez.

Donc ça commence au bord de ce lac, un jour d'été 2007, le 27 juin exactement. Bien que la haute saison démarre, Gérald Thomassin n'a aucun mal à trouver une place au camping de Port, près de Montréal-la-Cluse, un gros village en face de Nantua, sur l'autre rive. Mireille, la patronne, se souvient qu'il portait malgré la chaleur un coquet chapeau de feutre, des gants et un manteau mi-long, en cuir noir. Il lui tend ses papiers. 33 ans, 1 m 70, 52 kilos. Domicilié à Rochefort. Une femme l'accompagne, un peu plus âgée, Corinne. La veille, on les a vus dormir dans une Renault Kangoo grise sur le parking du cimetière, à la sortie de Montréal-la-Cluse, là où commence la montagne. Maintenant, ils dressent leur tente sur l'adorable pelouse du camping. À vrai dire, ils n'en possédaient pas en arrivant. Ils sont partis l'acheter quand la patronne a refusé de les laisser dormir allongés dans l'herbe, au milieu des caravanes.

Le camping accueille des habitués, les mêmes chaque année, de génération en génération. On s'invite à boire l'apéritif, on partage le jambon au chablis et le gratin, spécialité de la maison. Des barques aux couleurs vives se dandinent sur l'eau au bout de leur chaîne, dans une gaieté naïve de vacances. La plage est à côté, au creux d'une anse que prolonge un ponton gentiment désuet. Tout l'été, les dames des villages déploient serviettes et paniers chaque jour au même endroit, bataillant avec les touristes qui empiéteraient sur leur territoire. Quoi d'autre ? Rien. C'est pour ça qu'on vient.

Personne n'a jamais vu Thomassin dans l'eau, ni même en maillot de bain. Les jours et les nuits, il les passe avec quelques gamins du camping, collé devant des jeux vidéo, à écluser des bières. C'est durant ce même été 2007 qu'il pousse la porte de la grande poste, à Montréal-la-Cluse. La conseillère financière remarque d'abord son allure. Sur ses vêtements, rien à dire, elle note même une certaine recherche. Pourtant, quelque chose cloche, elle ne saurait dire quoi. Un marginal, sans doute, ils débarquent dans les campagnes maintenant, moins que dans les grandes villes, bien sûr, mais on en voit passer au bord du lac, des jeunes, l'été surtout. À l'agence, la conseillère a déjà reçu un type avec un bouledogue, un autre avec un rat. Parfois, elle s'arrange pour débloquer les quelques euros nécessaires à maintenir ouverts les comptes les plus tendus. La Poste doit garder un rôle social, elle aime le répéter. On est humain, il faut aider, on est le service public, n'est-ce pas ? Thomassin lui annonce qu'il souhaite s'établir à Montréal et ouvrir un livret A. Il ne semble pas saoul, mais elle lui trouve une odeur d'alcool. Ou alors est-ce une impression, à cause de ce manteau de cuir noir qui suffit à le désigner comme un étranger ? Le genre de client pénible qui vient, jour après jour, retirer trois sous sur son compte jusqu'au prochain versement des allocations. Elle en est sûre. À force, elle les repère.

Sur le formulaire, à la case « profession », elle le voit écrire « acteur ».

Elle n'a pas sursauté, l'habitude professionnelle. Une vedette ? Lui ? Comme Robert Lamoureux qui faisait sensation en descendant de sa décapotable en slip panthère ? Ou Charles Aznavour qui signait des autographes à la charcuterie de Montréal, quand il s'arrêtait acheter du pâté maison ? Encore un mythomane, elle pense. Mais Thomassin s'est déjà lancé, volubile, énumérant les tournages. Les anecdotes et les grands noms défilent, il parle d'une voix douce, pas désagréable. Il roule délicatement une cigarette, manque l'allumer, puis la range, s'excusant poliment. Plus rien ne l'arrête désormais, il raconte le film qu'il vient de terminer, il y a quelques semaines. Il tenait le rôle principal, sous la direction de Jacques Doillon. Est-ce qu'elle connaît Jacques Doillon ? Son cachet était de vingt mille euros, enfin 17 339 exactement, il précise. Il serait incapable de dire où ils ont filé en deux mois. Ses histoires s'étirent, filandreuses, pleines de détails enchevêtrés. Il est même question d'un César du jeune espoir qu'il aurait gagné au début de sa carrière.

Elle se dit : ça y est, il délire. Elle le dévisage maintenant : des yeux possiblement verts, des cils épais. Elle ne peut s'empêcher de lui trouver quelque chose de profond dans le regard. La drogue, peut-être ?

On en vient à ses revenus. Très naturel, il déclare toucher le RMI.

Elle en était sûre : tout ce baratin pour en arriver là. Dès qu'il quitte l'agence – enfin ! –, la conseillère saute sur Internet. C'est vrai qu'il est acteur, elle le reconnaît sur un site spécialisé. Sa biographie recense plus d'une vingtaine de rôles, un tournage par an pour le cinéma ou la télé. Et le César non plus n'est pas une fable : il l'a gagné en 1991. Elle n'en revient pas. Tout serait vrai, et pourtant elle n'arrive pas à y croire. Pourquoi connaît-elle le nom des autres comédiens dont il a parlé et pas le sien ? De toute manière, qu'est-ce qu'un artiste viendrait chercher aujourd'hui sur les rives du lac de Nantua ?

Au camping, les vacanciers se plaignent de Thomassin. Certains commencent à en avoir peur. Le 14 juillet, il a tiré un coup de fusil en l'air. Un autre soir, emporté par un jeu vidéo, il a brisé son ordinateur en hurlant, comme un cavalier crève sa monture sous lui. C'était le seul objet qu'il s'était acheté avec l'argent de son dernier film. Son amie Corinne repart dans sa Kangoo grise. Trop de bruit, trop d'alcool, trop de disputes. Mireille, la patronne du camping, finit par lui demander de s'en aller aussi. Elle suppose qu'il a dû quitter la région, mais un samedi soir de septembre, à la messe de Montréal-la-Cluse, elle sursaute. Thomassin est là, agenouillé, à quelques bancs d'elle. On dirait qu'il prie. Il a emménagé dans le vieux village quelques jours plus tôt.

Cette partie-là du bourg garde son jus de campagne. Longtemps, il y eut des vaches, une rivière, une comtesse dans son château, qui semble parfois y être encore. Une venelle étroite se tortille à flanc de montagne, où les voitures se croisent à peine : c'est la rue principale qui passe devant l'église, puis débouche sur une placette avec une belle fontaine où les bêtes se relayaient pour boire. Les maisons se serrent les unes contre les autres, presque toutes semblables. On entre par ce qui était l'écurie, les animaux se tenaient en-bas, le foin en haut. Derrière, vient la cuisine, servant à tout. Du linge claque sur un fil, les bûches coupées s'alignent en tas sous des bâches blanches. Les potagers finissent au ras des prés, les limites du village se fondent dans le paysage, la plaine et le lac d'un côté, la montagne et les sapins de l'autre. S'occuper du bois, savoir conduire très vite sur la neige ou éviter de nuit un sanglier garde ici tout son sens.

L'industrie du plastique fait maintenant vivre la région, des usines en chapelet, petites ou grosses, s'égrènent sur une vingtaine de kilomètres. La « Plastic Vallée », annoncent triomphalement les panneaux sur l'autoroute, premier pôle européen du secteur. Montréal-la-Cluse est devenu un bourg ouvrier, mais le temps s'y écoule toujours comme à la campagne, entre la maison et le jardin.

Thomassin a loué un studio dans une bâtisse ancienne près de la fontaine, deux étages, quatre petits appartements occupés en général par des gens sans grands moyens. « Des cas sociaux », commente un agent immobilier. Il l'a baptisée la « maison des catastrophes ».

Le logement de Thomassin est au sous-sol, une sorte de cave, à laquelle on accède aussitôt après l'entrée. Il faut ensuite descendre trois marches pour pénétrer dans une pièce qu'éclaire péniblement un soupirail au ras du trottoir.

Depuis sa fenêtre, la voisine du premier étage le regarde vadrouiller, faire hurler sa musique, remonter les ruelles en parlant tout seul, une canette à la main, ses cheveux bruns très courts plaqués sur la tête. Ici, personne ne fait ça. Parfois, quand la voisine cuisine, il se coule sur son palier en reniflant comme un chat. « Ça sent bon », il dit. Alors, elle lui prépare « son » assiette, c'est devenu une habitude entre eux, du riz, des patates, du poulet, des plats du Cap-Vert, son pays à elle. Avec son mari, elle est arrivée il y a trente ans pour le travail, ouvriers dans le plastique, comme tout le monde.

Elle regarde Thomassin engloutir sa gamelle sous les photos de famille et les chromos éclatants des îles, où des Jésus s'arrachent le cœur de la poitrine. Au fond, elle n'est pas mécontente qu'un des locataires se révèle plus démuni qu'elle.

C'est en face que se trouve la petite poste, la seconde agence de Montréal-la-Cluse.

2

Des années durant, la région a envié sa petite poste au village de Montréal-la-Cluse. N'importe où ailleurs, elle aurait déjà fermé. En ces temps de débâcle dans les services publics, la grande agence pourrait déjà sembler un luxe dans une bourgade de 3 900 habitants. Voyez Nantua, de l'autre côté du lac : l'auguste capitale politique du Haut-Bugey n'est plus qu'une sous-préfecture sans sous-préfet, abritant une vague permanence administrative dans l'ancien couvent des Sœurs Augustines. L'hôpital, la maternité, les mutuelles sociales et agricoles ou le service des hypothèques, tout a été compressé, délocalisé, précarisé, fermé. Devant la gare, les trains passent mais ne s'arrêtent plus. Près de six cents emplois institutionnels ont disparu par vagues, en silence, un des plus grands plans sociaux de la région qui n'a jamais dit son nom. « Bientôt, il faudra du piston pour avoir sa chimio », s'enflamme un commerçant, un des derniers à s'accrocher, rue de l'Hôtel-de-Ville. Il s'interrompt : « Vous trouvez que je répète toujours la même chose ? » Les clients acquiescent du menton, en rigolant.

Dans le vieux village de Montréal, la petite agence, elle, a survécu. Installée dans l'ancienne laiterie près de la fontaine, on dirait une poste de poupée. L'employée s'appelle Catherine Burgod. En cet automne 2007, ses amies sont souvent les premières à pousser la porte. Dès l'ouverture, à 8 h 30, elles apparaissent l'une après l'autre, traversant le bureau d'accueil pour filer directement au fond, dans la salle de repos. Là, un évier et une table occupent tout l'espace : les premières prennent une des chaises dépareillées, les dernières piquent une fesse sur le rebord de la fenêtre. On se serre parfois à six ou sept, on fume, même si c'est interdit, avec des rires de collégiennes. Ça y est, leur rituel du matin peut commencer. Elles ne pourraient plus s'en passer.

Elles forment une compagnie de femmes, comme il en existe d'hommes, des copines, la bande de la poste. L'une a ouvert une boutique, l'autre travaille dans une usine de plastique, une troisième à la commune. Certaines ont pu se perdre de vue un temps, quitter le village pour des études, du boulot, un mariage. Puis, la quarantaine approchant, elles sont retournées dans le territoire clos de l'enfance, ancrées de nouveau à quelques pas les unes des autres entre la poste, la mairie, l'église, comme au temps de la grotte aux chauves-souris près de la Vierge blanche ou de la luge derrière le cimetière. Le jour n'était pas encore levé quand l'autocar démarrait en hiver vers le collège de Nantua. Dans les lambeaux de brume par-dessus le lac, elles imaginaient des bêtes monstrueuses et des vaisseaux fantômes. Alors, elles se cachaient les yeux, en criant : « On est en plein film d'horreur. »

Dans la salle de repos, la cafetière gargouille avec des humeurs de vieille bête. Trois tasses, deux cuillères, le sucre dans une grosse boîte ronde circulent de main en main. L'une a gardé son manteau, annonçant qu'elle reste quelques minutes seulement. « Mais qu'est-ce que vous pouvez bien vous raconter pendant tout ce temps ? » s'était un jour écrié un mari. La copine n'avait pas daigné répondre. Est-ce que ces choses-là s'expliquent ? Elles refont le monde, évidemment. Leur monde à elles : « Nos vies, nos hommes, nos galères. » On donne son avis sur tout, on regarde des conneries sur Internet, on passe les histoires en revue, la sienne et celles des autres. La poste de poupée est leur royaume.

Quand quelqu'un entre dans le bureau, un vrai client s'entend, la bande de copines essaie de se faire plus discrète. Les locaux sont si petits qu'on les aperçoit quand même derrière la porte entrouverte. On les entend étouffer leurs rires. Une dame achète un carnet de timbres, une autre vient chercher un colis, peser une lettre. Un homme retire cent euros. Toujours les mêmes opérations, les mêmes têtes, des habitants du vieux village ou de la zone autour. À vrai dire, on ne se bouscule pas au guichet, une quinzaine de personnes par jour, des journées sages, sans surprise. Il y a d'ailleurs si peu de fréquentation qu'un point de vente SNCF – billets de train et de car – a été rajouté pour éviter la fermeture.

« De toute façon, la moitié de ceux qui fréquentent la petite poste viennent pour Catherine Burgod », blague souvent un responsable de la grande poste, près du lac. C'est une belle grande femme, blonde la plupart du temps, avec des faux airs de Sophie Marceau. Elle résiste rarement à entrer dans un magasin, organise des sorties shopping à Annecy ou pour les soldes à Lyon et Paris, aller-retour dans la journée. « Tu as vu mon nouveau sac ? Et mes boucles d'oreilles ? » L'imprimé léopard ne lui fait pas peur, les hautes bottes rouges non plus. En public, Catherine Burgod respire le tout-va-bien, sourires, embrassades, questions sur sa santé, celle de ses deux enfants et son mari. Surtout ne pas oublier les nouvelles de son père, Raymond Burgod. C'est quelqu'un dans le canton, un nom connu. Pendant trente-six ans, il a travaillé à la mairie de Montréal, comme directeur général des services, le numéro 2 après le maire. Son départ à la retraite, quelques années plus tôt, avait été un événement, la presse locale s'était déplacée. Depuis, il n'a rien cédé de son influence. Il continue d'officier comme adjoint au maire, chargé des finances. À la commune, on met discrètement en garde les nouveaux embauchés : « Fais gaffe, il sera toujours dans ton bureau à imposer ses points de vue. Burgod, il ne fait pas de cadeau. »

À la petite poste, il arrive aussi que passe un chef ou un préposé. Au début, les copines s'étaient inquiétées : « Tu n'auras pas de soucis, au moins ? » Catherine Burgod avait haussé les épaules. « On ne fait rien de mal. » Elle se sait irréprochable. Avec des manières de jeune fille comme il faut, elle sert les personnes âgées à domicile, se lève pour accueillir les voisines quand elles viennent chercher l'argent de la semaine. Elle gère l'agence seule avec une collègue, qui fait les remplacements.

Dans la salle de repos, les minutes fondent doucement dans les tasses à café. Quelle heure est-il ? Le téléphone de Catherine Burgod sonne et son visage se ferme. C'est lui. Lui, son mari. Il le reconnaîtra plus tard : il l'appelait trop souvent, il ne la lâchait pas. Par réflexe, les petites cuillères se sont arrêtées de tinter dans les tasses des copines. Une bulle de silence a envahi la pièce. Le mariage a été la grande aventure de leurs vingt ans. Le divorce sera celle de leurs quarante ans. Presque toutes en sont là : le faire ou pas. La séparation les occupe autant que leurs noces jadis. Elles en discutent des heures, elles en rient. Enfin, pas toujours. Le mari de Catherine Burgod ne veut pas en entendre parler, son père pas davantage, ce qui n'est pas l'aspect le moins important. Il avait tenu à célébrer lui-même le mariage à la mairie. Son discours commençait par « ma petite mésange ». La mésange était en orange, un imprimé fantaisie. Même après la cérémonie, personne n'aurait eu l'idée de l'appeler par son nom d'épouse : Catherine Burgod était restée Catherine Burgod. Plusieurs fois, elle avait essayé de s'installer ailleurs, dans une station de ski ou dans le Midi, mais toutes ses tentatives d'évasion avaient échoué. Elle n'avait jamais osé aller au bout.

Maintenant, elle lève les yeux au ciel. « Je vais me foutre en l'air. Je serai mieux là-haut, débarrassée de tout. » Entre elles, les copines se rassurent. Tant qu'elle en parle, ce n'est pas trop grave. Elles l'ont toujours connue comme ça, capable de changer d'humeur d'un instant à l'autre. Un rien la contrarie aux larmes, puis, d'un coup, elle se reprend, joyeuse et drôle. À présent, Catherine Burgod s'enflamme pour sa cousine, qui doit s'installer au Québec. « Je vais me glisser dans ses bagages. Vous viendrez me voir ? » Elle voudrait à la fois mourir et partir au Canada.

La conversation repart, elles sont à nouveau ces jeunes filles qui passaient des après-midi entiers sur le muret à l'ombre des platanes, autour du flipper au Milk Bar, dans les fêtes au bord du lac, en balade sur des pédalos piqués en pleine nuit. Nantua était alors la ville la plus excitante à la ronde, on y venait d'Oyonnax ou de Genève. Et les soirées au Barracuda à Orgelet, vous vous souvenez ? Et au Cize, à Cize, cette minuscule salle de ferme transformée en boîte de nuit par un allumé ? Il paraît que c'est devenu un club échangiste. Désormais, elles ont des enfants qui font du poney, qui jouent de la flûte traversière, qui étudient à l'université. Et, à nouveau, elles veulent sortir entre elles.

En face, dans la « maison des catastrophes », ça crie, des objets volent. Le voisin cap-verdien est hors de lui : sa femme a encore invité Thomassin.

3

Le 26 novembre 2007, à 14 h 20, Catherine Burgod est convoquée par la brigade de Nantua. À son bureau, le gendarme se lève pour lui tendre une chaise. Dans le pays, tout le monde se connaît, ne serait-ce que de vue. Il lui propose quelque chose à boire, elle voudrait une cigarette, l'émotion, mais elle n'ose pas demander. Sa déposition commence.

« Je me présente à votre unité suite à votre convocation. Je suis entendue après ma tentative de suicide du 17 novembre 2007. J'ai fêté mes 40 ans début novembre, en réunissant la plupart de mes amis. Nous avons également invité les copains des enfants pour fêter leurs anniversaires. Dans mon idée, cette fête n'était pas dénuée de toute innocence. J'avais déjà dans l'idée de mettre fin à mes jours et donc, de revoir la plupart de mes amis une dernière fois.

En effet, depuis 8 mois, mon moral était au plus bas et chaque jour qui passait, mon avenir s'obscurcissait, principalement l'avenir de mon couple. Depuis plusieurs mois, je ne ressens plus aucun amour pour mon mari. Malgré mes demandes pour divorcer, mon mari y était opposé. Je n'ai pas pris la décision de quitter le domicile conjugal de peur de perdre mes enfants.

J'ai connu mon mari et je suis sortie avec lui à l'âge de 16 ans, donc depuis 1983. Notre fils est né en 1989, notre fille en 2000, soit 11 ans plus tard. Après sa naissance, notre relation de couple s'est dégradée. Mon mari s'investit de plus en plus dans son travail, et de ce fait, il est de moins en moins à la maison. Mon état psychique s'est détérioré, j'ai recours à des antidépresseurs depuis 2 ans.

N'ayant plus de projets d'avenir, j'ai perdu le goût de vivre et j'ai décidé d'en finir. Afin de réussir mon geste, je suis allée voir mon médecin pour qu'il me délivre un traitement plus fort contre ma dépression.

Le jour des faits, je suis allée chez le coiffeur, je voulais être présentable jusque dans la mort. Ensuite, je suis partie avec mon véhicule en direction de Bourg-en-Bresse, sans but précis. Dans un premier temps, j'ai posté mes lettres d'adieu à mon père, mon mari, mes enfants et mes copines. Je voulais trouver un coin tranquille pour mettre fin à mes jours. Comme il faisait froid et étant frileuse, je ne voulais pas mourir dans ces conditions. Je suis donc allée à l'hôtel Formule 1 à Péronnas et j'y ai pris une chambre. J'ai avalé plusieurs cachets mélangés à de l'alcool que j'avais pris chez moi. J'ai reçu des SMS de mes copines et de mon mari, auxquels j'ai répondu tant que j'ai pu, leur demandant de me laisser tranquille. J'ai fini par perdre connaissance et je me suis réveillée lorsque les secours sont intervenus.

Après une hospitalisation de 24 h, je suis retournée à mon domicile. J'ai eu une explication avec mon mari, qui accepte aujourd'hui de divorcer. J'ai pris rendez-vous avec un psychologue afin de sortir de ma dépression. J'ai conscience que mon geste ferait plus de mal que de bonheur autour de moi. Je pense à ma famille.

Lecture faite par moi, j'y persiste et n'ai rien à changer, à y ajouter ou à y retrancher. Catherine Burgod. »

Maintenant, les copines se sentent coupables, surtout celles qui ont trouvé une lettre d'adieu dans leur boîte aux lettres. L'une l'a gardée. « Ces quelques mots avant de partir, j'espère avoir assez de “carburant” pour aller au bout de mon voyage ☺ !! Sinon, j'aurais l'air maligne de revenir parmi vous. Tu es une amie pour moi et je te souhaite plein de bonheur, tu le mérites tant. Ne sois pas triste, “c'est mon choix”, comme dit l'émission… Je t'embrasse. Kathy. »

Cette fois, la bande de la poste a décidé de prendre les choses en main. Boire une bouteille de monbazillac à l'apéritif. Aller à Lyon dans un pub, parler anglais avec des inconnus, ou en tout cas essayer. S'habiller pendant des heures et sortir en boîte, parce qu'elles appartiennent à cette génération qui s'habille pour les soirées. Catherine Burgod monte sur l'estrade et danse. C'est une femme sur laquelle on se retourne, elle a l'habitude. Une petite jeune fille la toise : « Laissez-moi la place, ce n'est plus de votre âge. » Catherine Burgod l'envoie promener. Elle est dans un de ses bons jours, elle fait ce qu'elle veut. Elle danse encore.

Aux derniers jours de l'hiver 2008, elle appelle une amie de classe pour son anniversaire. C'était un mardi soir et, aujourd'hui encore, l'autre entend sa voix lui annonçant : « Ça y est, je l'ai fait. » Elle était fière de s'être lancée. Aucune des deux n'a besoin d'en dire plus, elles se sont comprises. Ces derniers temps, leurs conversations ne tournent qu'autour de ça, leur divorce à chacune. L'amie a juste répondu : « Enfin. » Puis : « Bientôt, ce sera mon tour. » Le mari de Catherine Burgod, ou plutôt son futur ex-mari, ne saute pas de joie. Il lui arrive de faire des esclandres en public, de l'attendre sur le parking de l'appartement familial, qu'elle continue d'occuper depuis la séparation.

Ce soir-là – on est en mars 2008 –, la bande de la poste arrive dans un night-club. Ambiance lourdingue, un peu paysanne, de la viande saoule. Finalement, elles grimpent jusqu'à Hauteville-Lompnes, une station en altitude, longtemps réputée pour ses cures contre la tuberculose, ensoleillement et bon air. Le bal de l'Orsac, « sanatorium pour hommes et jeunes gens », était un des plus courus de la région. Depuis que les antibiotiques ont terrassé le bacille, plusieurs hôpitaux se sont spécialisés dans la médecine du sport, d'autres sont devenus des centres d'hébergement pour migrants, la Luciole, par exemple, autrefois célèbre pour ses « dix chambres particulières agréées par la Sécurité sociale et les caisses agricoles ». Un casino s'est installé pour tenter de relancer la commune, machines à sous, table de black-jack, restaurant façon Riviera et boîte de nuit, bien sûr.

Quand la bande de la poste y entre, un homme aborde aussitôt Catherine Burgod. Tous deux s'installent sur les tabourets en peluche du bar, devant des bouteilles d'alcool rutilantes comme une rangée de faux bijoux. La musique du dancing lutte contre le bruit des bandits manchots. Massées sous les jupes roses des abat-jour, à l'autre bout du bar, les copines scannent le Nouveau de bas en haut, faisant mine de ne pas le remarquer. Il est costaud, ni beau ni laid, mais avec une qualité inespérée : aucune d'elles ne le connaît. Ça tient du miracle dans les petits pays, où tout le monde se fréquente depuis l'enfance : l'un a été marié à une cousine, l'autre a joué au rugby avec un frère, travaillé avec un ami. Avant le premier rendez-vous, on sait déjà tout les uns des autres, les défauts, les revenus, les petites coquetteries et la raison pour laquelle – sans doute – on finira par se quitter. De celui-là, elles n'ont jamais entendu parler, radars muets, rien dans les fichiers. « On s'est dit qu'il faudrait quand même se renseigner sur son pedigree », se souvient une des amies, Anne Forêt. Dans le groupe, Anne Forêt se décrit volontiers comme celle capable de remonter la Catherine-Burgod-des-mauvais-jours. Elle insiste pour qu'ils échangent leur numéro de téléphone avant de partir.

Ils commencent à se fréquenter, prudemment, chacun gardant son chez-soi. Le Nouveau vit dans un village perché derrière Hauteville, avec des chasseurs, des bûcherons, des montagnards qui aiment leurs forêts comme on aime une personne. Il travaille en usine, le plastique bien sûr, du côté d'Oyonnax. Catherine Burgod n'a pas besoin de le présenter à son père pour deviner qu'il ne sera pas son style. Depuis le divorce, il le lui répète : « Je te verrais bien avec un intellectuel, tu trouveras, tu as le niveau. »

Un jour d'été 2008, Catherine Burgod organise une petite fête chez le Nouveau pour ses amies. C'est lui qui fait la cuisine, près de la grande cheminée et des trophées de chasse. Au moment où s'engage une partie de boules, il s'éclipse, laissant les filles entre elles. Quelques-unes discutent à voix basse : elles trouvent le Nouveau « rustique », « timide ». Il ne parle pas beaucoup, même si personne ne parle beaucoup ici. « En tout cas, il la traite comme une reine. » Des chiens s'agitent dans leur chenil au bout d'un vaste terrain. Une des copines croit même avoir aperçu des poules et des lapins. « J'ai demandé à Kathy : "Mais où tu vas trouver des collants, ici ? Nous, on est des urbaines, tu es sûre que tu vas t'habituer ?" » se souvient Anne Forêt.

Ce dimanche-là, Catherine Burgod ne s'étend pas sur sa vie avec le Nouveau, elle ne parle que du Futur Ex, rien d'autre. Elle se sent épiée. Elle pleure. Après sa tentative de suicide, personne ne s'était risqué à aborder le sujet de front. On l'avait cajolée, grondée, puis fait promettre de « ne jamais recommencer ».

Et elle recommence, le lendemain de cette journée. Elle avait appelé sa collègue pour la remplacer à l'agence. « Je veux voir la mer », elle avait dit. Elle avait roulé vers le sud cette fois, Montpellier, les plages, mais toujours selon le même cérémonial, cette dernière fête avec les amies, la tenue choisie avec soin, une chambre dans un hôtel, les médicaments. Le cartable pour la rentrée de la Petite avait été préparé à l'avance et pour le fils une batterie de casseroles, lui qui entame sa première année à l'université de Lyon.

Elle se réveille dans un service de psychiatrie. Sa voisine de chambre est une institutrice, hospitalisée pour dépression et alcoolisme. « Tout ce que je sais de Catherine Burgod, elle me l'a raconté elle-même, dira-t-elle aux enquêteurs. Elle était très douce, souriante. Elle s'entendait bien avec tout le monde. Alors qu'elle était hospitalisée, elle a su qu'elle était enceinte. Elle a pris cette nouvelle assez bizarrement au début, il semble que c'était un accident et non une grossesse volontaire. » À nouveau, l'angoisse envahit tout : comment réagiront les enfants ? Et le Nouveau ? Comment se passera la grossesse alors qu'elle vient d'avoir quarante ans ?

Quand il l'apprend, le Nouveau est fou de joie. Il venait de divorcer précisément parce que sa première femme ne pouvait pas avoir d'enfant. Il l'annonce à l'usine, « il était sur un petit nuage », se souvient un collègue. Catherine Burgod n'en revient pas. L'enthousiasme du Nouveau coupe court à ses hésitations. Il est devenu la possibilité d'un autre départ, loin de Montréal-la-Cluse, le plus loin en tout cas qu'elle puisse se l'autoriser.

En sortant de l'hôpital, elle s'installe dans la maison perchée. Une chambre a été repeinte pour le futur bébé, des meubles achetés chez Ikea. La Petite aura la sienne et le fils aussi, quand il rentrera de Lyon pour le week-end.

Les examens médicaux se passent à merveille. Ce sera une fille. « Moi à notre âge, je ne pourrais pas refaire un enfant », commente une des copines. Elle, au contraire, paraît apaisée. À son Futur Ex-Mari, Catherine Burgod n'a rien dit de sa grossesse. « Elle avait peur de représailles, continue sa voisine à l'hôpital. À cause de sa nouvelle vie avec son nouveau compagnon. »

4

Ils sont trois, assis sur un banc en face de l'agence d'intérim, à Montréal-la-Cluse. De temps en temps, ils échangent quelques mots sur le football, sur un groupe de rap, mais ça dérape vite en engueulade. Ils se sont vus la veille, ils se verront le lendemain, les trois, toujours ensemble : Tintin, Rambouille et Thomassin. Cela fait plus d'un an que l'acteur vit à Montréal-la-Cluse. Il doit être 11 heures. L'air sent l'hiver, un matin de novembre 2008. Ou peut-être déjà décembre, tous leurs jours se ressemblent.

On pourrait raconter en détail comment ils sont tombés les uns sur les autres, Rambouille qui habitait l'appartement au-dessus de Tintin. Ou bien Thomassin qui voulait adopter un chaton, dont Rambouille avait une portée, lui avait-on assuré. L'information s'était révélée fausse, mais quelle importance, au fond. Ils étaient faits pour se trouver, voilà tout. « On était les Dalton », se souviendra Tintin.

Sur le banc, ils regardent les gens entrer et sortir de l'agence d'intérim. Dans la Plastic Vallée, on ne vit pas mal, même si personne ne se risquerait à dire que tout va bien, surtout depuis l'arrivée de la Chine sur le marché. Mettons que ça travaille, pas autant qu'on voudrait mais plus qu'ailleurs. Rambouille s'énerve tout seul : « Ici, c'est du plastique qui coule dans leurs veines, ils ne pensent qu'à ça. » Beau gosse, Rambouille, des yeux qu'on n'oublie pas, de ce même bleu pâle que ceux des chiens huskys. Bonne famille aussi et pas bête avec ça. Officiellement, il attend une mission de soudeur, mais ça fait un moment qu'il a arrêté de répondre au téléphone. Elle paraît loin l'époque où il est arrivé dans la région, dix ans plus tôt, amoureux d'une ambulancière. Même les patrons tombaient sous son charme, les contrats pleuvaient, les usines le réclamaient : « Donnez-nous Rambouille, donnez-nous Rambouille. » Il avait pensé se faire un coin ici. C'était avant la dope.

Montréal-la-Cluse et les bourgades autour se trouvent sur la route des trafics, pile entre Lyon et la Suisse, à moins d'une heure de route des deux. Dans ce grand flot de la drogue, un peu d'écume a fini par se déposer ici, sur les bords du lac. Des gens qui ont fait fortune dans la came, vous n'en trouverez pas : les dealers sont eux-mêmes des toxicos, qui paient leurs doses en vendant, un petit milieu d'une cinquantaine de personnes en tout. Ce n'est pas Mexico, bien sûr, mais ça fait du monde quand même dans les villages. Vers la frontière suisse, dans le pays de Gex, la drogue circule davantage et depuis plus longtemps. « Héroïne festive », ils disent là-bas, entre cadres internationaux et noceurs en 4 × 4. Ici, c'est l'héroïne de la poisse, honteuse, celle qu'on ne nomme pas et qui a fait cinq morts dans le secteur.

Depuis que sa copine l'a mis dehors, Rambouille squatte chez Tintin dans un des huit petits HLM construits sur les étangs asséchés du vieux village pour les ouvriers du plastique. Le quartier s'appelle les « HLM verts », bien que leur couleur soit blanche. Ils partagent une dose d'héroïne, l'un sur le lit, l'autre par terre sur un matelas, en écoutant le papa de Tintin grogner et remuer dans la pièce à côté. Papa Tintin laisse une chambre à son fils et occupe le reste de l'appartement. Il écluse ses deux ou trois litres de vin par jour, tombe de bicyclette. Mais il y a toujours quelqu'un pour le ramener avec ses plaies, ses bosses et son vélo tordu. On commence à faire la même chose avec Tintin. On les aime bien ici, on veille sur eux, des figures du pays, comme le Calabrais qui balaie les rues du vieux village à 4 heures du matin, un chapeau melon sur la tête.

Père et fils s'adressent à peine la parole, s'évitant dans les pièces vides du HLM. Avec ses allocations, Tintin achète à boire et à fumer, paie son portable, les amendes de la voiture. S'il reste de l'argent, il glisse un billet à Papa pour les loyers en retard. Parfois, ils se battent. Ils sont inséparables.

Devant l'agence d'intérim, Thomassin propose d'aller acheter des canettes chez Lidl, c'est plus loin que Carrefour mais c'est moins cher. Ils comptent l'argent au fond de leurs poches et se mettent en marche dans l'air glacé. Un peu de neige est tombée tôt le matin. Comme toujours, Thomassin s'est lancé dans le récit de ses tournages, ponctué d'expressions enthousiastes, « des gens super », « des moments géniaux ». Puis, il s'interrompt, sort un cran d'arrêt de son sac-banane et mime le Bigleux, un borgne maniant la lame dont il tenait le rôle dans *Jacquou le Croquant*. Tintin n'a pas vu le film, mais veut savoir comment l'œil de verre était fixé. Les effets spéciaux sont ses histoires préférées, il en réclame toujours de nouvelles. Thomassin est déjà passé à *Sheitan*, un thriller où Vincent Cassel lui tapait dans le dos entre les prises. Tintin et Rambouille protestent. Ils croient savoir que c'est un « truc de karaté », ils n'aiment pas ça. « Ça n'a rien à voir avec le karaté », s'échauffe Thomassin. Il range son couteau à regret. Il en est très fier, le cadeau d'un ami italien sur son dernier tournage, orné d'un « Gérald » maladroitement gravé sur le bois du manche. Devant Rambouille et Tintin, Thomassin disserte maintenant sur la nécessité de toujours porter une lame sur soi : quand il avait quinze ans, on lui a braqué son baladeur dans le métro. Il l'a déjà raconté dix fois, mais Tintin, bonne pâte, lui lance une vanne, rien que pour lui faire plaisir : « T'inquiète pas, j'y penserai à la station Montréal-la-Cluse. »

Acteur ! Tintin ne peut pas s'empêcher d'être impressionné, il mentirait en disant autre chose. Un jour où ils étaient seuls tous les deux, il lui avait demandé : « En vrai, ça fait quoi de jouer au cinéma ? » La question le brûlait depuis la première fois qu'il l'avait vu.

« C'est comme quand on fait l'amour. Tu ressens en une fois ce qu'on ressent en une vie. »

Dans la rue, Tintin s'arrête d'un coup et s'agenouille devant Thomassin, mains jointes, grimace tragique : « Donne-moi ta place, fais-moi entrer à Hollywood. » Il fait semblant de pleurer. « Pitié, pitié, je voudrais passer à la télé chez Laurent Ruquier. » Même Rambouille se met à rire, un rire brutal, un rire malgré tout. Rambouille rumine en silence. Ça l'électrise et l'exaspère à la fois que Thomassin soit acteur. Béatrice Dalle le connaît, Mylène Farmer l'a croisé sur un tournage, il a gagné un César. On vient encore de lui proposer un rôle, un genre de psychopathe ou quelque chose comme ça. Mais alors, qu'est-ce qu'il vient foutre ici, dans ce bled de Montréal-la-Cluse, avec des gens comme eux ? Rambouille finit par éclater : « Tu aurais pu faire quelque chose de ta vie, merde à la fin. C'est quoi le problème chez toi ? » Si c'était lui, Rambouille, à qui on avait donné sa chance dans le show-business avec ses yeux bleu husky, il aurait su la saisir.

Tous les trois passent devant le Bressan, un bistrot du village. C'est tentant. Si les allocations venaient de tomber, ils seraient déjà un coude sur le comptoir, à leur place habituelle, juste à l'entrée. Le patron connaît leurs jours de gloire : une Pelforth-fraise pour Thomassin, un demi-pêche pour Tintin, un café pour Rambouille, toujours soucieux de se démarquer. Quand ils n'ont vraiment plus un sou, le Bressan leur fait crédit, pas plus de dix euros, inscrits dans un calepin. Ils apprécient. Chez Lidl, il faudra penser à prendre du pain, et peut-être du jambon s'il reste de l'argent.

Ils longent le lac de Nantua, entre le parapet et la route, concentrés sur eux-mêmes, sans faire attention aux joggeurs ou aux retraités avec leur chien qui font un écart pour les éviter. Ici, on fait vite masse : trois, ça ressemble déjà à une bande. Le lac a pris un aspect velouté, couleur d'orage.

Un pack de bière se balance au bout de leur bras quand ils reviennent vers le vieux village. Thomassin fume et babille de plus belle, d'excellente humeur, pensant déjà au bruit de la canette qu'on dégoupille. Derrière l'église, ils prennent un chemin de terre qui s'enfonce dans un sous-bois détrempé. Leurs chaussures disparaissent dans des paquets de feuilles spongieux avec des bruits de succion et des craquements de branches. La côte grimpe dur entre des pâturages et des sapins. Les larmes leur montent aux yeux dans le soleil trop blanc de l'hiver. Une jeep remplie de chasseurs les double sans ménagement.

C'est Tintin qui leur a montré ce sentier, le seul des trois à être né ici. Il connaît les trous d'eau pour se baigner, la falaise d'où on saute de quatorze mètres dans le lac, la tanière cachée du légionnaire polonais qui se bat contre les arbres au milieu de la forêt. Il pourrait donner le nom des plantes et leurs vertus, montrer où ramasser des noix et la trace des chevreuils. Tintin aimait vadrouiller avec les enfants de ses frangines, il préparait des casse-croûte pour la journée. Depuis la came, il n'ose plus le leur proposer.

Tintin, Rambouille et Thomassin marchent depuis presque une heure quand se devine la ferme abandonnée de Beauregard, en retrait du chemin, cachée derrière ses haies de buis. Leurs pas les conduisent souvent là. La ferme ressemble aux autres, ni plus ni moins, sauf qu'elle est invisible. Dans ce territoire de montagne, la prudence veut que les habitations soient construites à portée de vue les unes des autres, pour pouvoir se prêter main-forte. Beauregard, au contraire, a tout fait pour se cacher : ce n'est qu'en venant de Saint-Martin qu'on distingue vaguement son toit. D'extraordinaires légendes circulent à son sujet, aujourd'hui encore. Pour Tintin, Beauregard est le bout du monde. Ou bien son centre. Ça dépend des jours. « Mon fief », il a décrété.

Tout gamin, il y allait déjà avec les autres de l'école, en cachette : c'était l'expédition la plus excitante, et de loin. Les gens des villages faisaient de grands détours pour l'éviter, le facteur refusait catégoriquement d'y grimper, la déneigeuse de la commune aussi. Les gosses, eux, rampaient en frémissant dans les fourrés. Les Mercier vivaient là, baptisés les « Mercier de Beauregard » pour les distinguer des autres Mercier qui sont légion dans le pays. Ils constituaient une fratrie, une sœur et deux frères, un peu sauvages, restant entre eux.

Ils avaient des terres et des bêtes, personne n'a jamais su combien exactement, ils refusaient de le dire, comme on cache son magot. À toute question, ils répondaient : « On n'aime pas les espions. » Aucun visiteur n'était reçu chez eux, il n'était même pas question de s'approcher de la ferme, ils lâchaient les chiens et tiraient au fusil, le cadet surtout. Les cheveux lui tombaient aux épaules, on le disait revenu sonné de la guerre d'Algérie. Certaines nuits, à la saison des travaux des champs, ils montaient la garde à tour de rôle.

À cette époque, les paysans abandonnaient la culture un à un pour travailler dans le plastique, ils voulaient « vivre plein pot », s'acheter des voitures et des machines à laver, construire des maisons neuves, envoyer les enfants aux études. Eux, les Mercier, avaient toujours refusé d'installer l'eau courante, le chauffage ou le téléphone. Longtemps, ils avaient continué de descendre leurs bidons de lait à dos d'homme, par tous les temps, à travers la montagne, zigzaguant entre les camions pour arriver jusqu'à la coopérative. Les frères récupéraient leur courrier à la petite poste de Montréal une fois par semaine. Aux quelques mots qu'ils prononçaient, on les devinait au courant de tout, ils savaient qui avait planté de l'orge et qui du blé. On s'étonnait : comment l'avaient-ils appris ? Les connaître, c'était impossible.

En 2007, ils avaient dû quitter la ferme, devenus trop vieux pour cultiver. Beauregard avait été abandonnée en l'état, les papiers dans le buffet, les fourchettes et les assiettes sur l'égouttoir, les bottes de paille dans la grange.

Tintin, Rambouille et Thomassin traversent la cour et le potager envahis d'herbes hautes. Sur leur passage, des sangliers ont tracé d'épaisses cicatrices de terre brune dans l'herbe claire. Au loin, on entend jouer une bande-son étrangement décalée, le sifflement des voitures sur l'autoroute, quelques kilomètres plus bas derrière une rangée d'arbres.

Dans le verger, ils ont traîné un matelas devant cet horizon de nuages et de prés que coupe la ligne sombre des forêts. Tintin voudrait continuer de leur raconter l'histoire des Mercier. Il n'essaie plus. Les deux autres se sont déjà enfoncés chacun dans son tunnel. Rambouille avale un Imovane, un cachet pour dormir, puis un autre. « Eh, cannibale, c'est pas des bonbons », lance Tintin.

Le matelas défoncé et puant se fait tiède sous leurs corps. Tout se délie. Le sol lui-même paraît plus souple. Thomassin a pris son Subutex, il est reparti en boucle sur lui-même, le seul à parler. C'est souvent le cas. Sa voix monte, forte, il doit être en train de geindre sur ses malheurs avec Corinne, sa compagne. Ils n'arrêtent pas de se séparer. Tintin gueule un bon coup pour le faire taire. Quelques répliques s'échangent entre eux, mais faiblement, comme des coups de poing en fin de match entre combattants fourbus. Un brouillard monté des sapins stationne au-dessus d'eux. Tintin demande s'il reste de la bière.

Jour après jour, il ne se lasse pas de regarder l'acteur enfiler ses gants en cuir noir et son chapeau de feutre pour aller chercher ses quelques sous de tabac au PMU, annonçant d'un air affairé : « Je vais en ville. » Il l'écoute dévider interminablement sa vie, avec sa tchatche de Parisien parachuté en pleine montagne, dans ce pays de taiseux. Au début, il se sentait flatté d'être dans ses confidences. Il a fini par remarquer que Thomassin servait les mêmes à tous, jusqu'à ce douanier suisse qui les avait contrôlés un jour où ils étaient partis à Genève acheter de l'héroïne aux vendeurs blacks devant la gare. Au poste-frontière, Thomassin avait commencé à raconter ses films, l'alcool, tout y passait, y compris les femmes. « J'en ai eu cinquante-sept, dont sept prostituées », il avait précisé. On n'arrivait plus à lui rabattre le caquet.

« Ce con va nous faire arrêter », avait pensé Tintin. Le douanier excédé les avait laissés filer. Rien qu'à y penser, Tintin se marre tout seul. Lui ne s'est jamais éloigné longtemps de Montréal, sauf une fois à Dijon, pour une cure antialcoolique. Pendant une semaine, il avait à peine osé se risquer hors de sa chambre.

À la ferme de Beauregard, les trois finissent par s'ébrouer et redescendre dans le vieux village. Ils font halte un moment chez Thomassin. Venue en visite, Corinne avait trouvé l'appartement moche, petit, humide, sentant le renfermé. Le surnom « la Grotte » s'était imposé de lui-même. Thomassin, lui, en est plutôt fier, il l'a écrit à un ami : « J'ai grandi dans plein d'endroits assez différents, hardcore tu vois. Là, je me suis mis dans une petite rue pépère, il y a une fontaine, une belle église, un cimetière et des maisons autour, pas des immeubles ou un quartier dégueulasse – excuse du terme – comme on en connaît. Je suis au calme, enfin. »

Dans la Grotte, des DVD s'empilent près de la télé, *Scarface*, *Donnie Brasco* ou quelques-uns de ses propres films. Une collection du journal *Le Nouveau Détective*, spécialisé dans les faits divers, est soigneusement classée près du lit. Thomassin raffole des affaires criminelles.

Un soir, il a imaginé un braquage devant les deux autres posés sur son canapé. Il s'était enfilé un vieux bas de Corinne sur le visage, gesticulant comme avec un fusil. Il y aurait deux motos, dont l'une serait brûlée sur place, puis tout le monde se replierait dans un autre département. Il avait vu le truc dans un film américain. Rambouille avait haussé les épaules : « T'as même pas le permis. »

En face de la Grotte, la petite agence est en train de fermer dans le jour qui tombe. Quelques années plus tôt, Tintin avait crié « connasse » à Catherine Burgod, un matin où il trouvait que le bureau n'ouvrait pas assez vite. Le maire de Montréal, Lilou Morosi, était venu lui remonter les bretelles chez lui, aux HLM verts.

Tintin n'en avait pas dormi de la nuit. Le lendemain, il avait acheté des fleurs, mais Catherine Burgod avait refusé de les prendre, tout en le regardant droit dans les yeux, un demi-sourire sur les lèvres. Elle était connue pour tenir tête aux grandes gueules du guichet. Tintin était sorti à reculons, dans une litanie d'excuses et semant son bouquet derrière lui. Ils ont le même âge ou presque, la quarantaine. Une classe ou deux les séparaient à l'école maternelle. Depuis les fleurs, Tintin lui donne du « madame ». Elle s'est mise à l'appeler par son véritable prénom, la seule à le faire dans Montréal. « Stéphane. »

5

Dans la maison perchée derrière Hauteville, Catherine Burgod vit chez le Nouveau avec sa fille. Les vacances de Noël vont bientôt commencer, le réveillon accapare déjà les esprits. La Petite aura un écran plat pour sa nouvelle chambre, le cadeau est caché dans un placard.

Ce jour-là, le 19 décembre 2008, un brouillard blanc moutonne au ras de la route, elle-même poudrée de neige, avec des traînées luisantes de verglas. Des chiens aboient quelque part et ceux du Nouveau répondent de temps en temps, avec des mouvements de bêtes dans le chenil. Il fait encore nuit, on devine des chalets, la forêt, une piste de ski ou deux, et tout autour le poids sombre des montagnes.

Des flocons se sont remis à tomber, mous et glacés, instantanément fondus. Comme tous les matins, le Nouveau quitte la maison le premier, vers 6 h 10. Il a tout juste démarré qu'il téléphone à Catherine Burgod. S'il pouvait, il le ferait à chaque instant. Plus tard, les enquêteurs dénombreront des milliers d'appels entre eux. Temps humide, avertit le Nouveau. Ne pas oublier de bien couvrir la Petite. Il exulte dans ses habits neufs de papa. Il est 6 h 34.

À l'atelier, le Nouveau travaille à la fabrication des moules, un type apprécié, l'aristocratie dans les usines de plastique. La pointeuse enregistre son arrivée à 6 h 56. En pensée, il peut suivre Catherine Burgod dans le moindre de ses préparatifs. Elle a dû mettre sa robe écossaise, son écharpe noire avec des volants en satin, son petit manteau en laine rouge. Elle les avait préparés la veille. Maintenant, elle doit être en train de gratter la couche de glace sur le pare-brise. 7 h 30, elle démarre avec la Petite. Le Nouveau ferait les yeux fermés leurs trente-trois kilomètres à travers la combe du Val jusqu'au vieux village de Montréal, presque une heure de route en hiver. Il connaît chaque patte-d'oie, chaque ornière. Elle a pris la route du Marais jusqu'à Hauteville-Lompnes, passe devant un ancien sanatorium, devenu une clinique spécialisée dans les dépressions. Depuis ses suicides, elle-même y va en consultation. Enfin, elle y allait : tout ça leur paraît derrière eux désormais, elle le disait au Nouveau la veille encore.

À la sortie de la ville, elle tourne devant le casino, lieu de leur premier tête-à-tête, dévale le chemin départemental qui descend en zigzag vers Aranc, pied sur l'accélérateur. Des sapins, des sapins, encore des sapins. Le petit ours en peluche avec son bonnet de Père Noël valse sous le rétroviseur à chaque virage. Elle roule trop vite, avec des coups de volant, comme son père le lui a appris. Il lui a offert sa voiture aussi, une Mini Cooper noire, toit blanc, intérieur en cuir rouge et toutes les options qu'elle voulait.

Vers Vieu-d'Izenave, elle continue sur la route des Brous, traverse les larges étendues blanches de la combe. Le long d'une mince ligne d'arbres, une femme déblaie sa voiture, disparue sous un tas de neige. À la sortie d'un hameau, de la fumée sort toute droite d'une cheminée. Arrêt à Condamine, devant l'église. La Petite descend acheter une baguette et un pain au chocolat. Avant, Catherine Burgod préférait la boulangerie de Montréal, vers le stade, mais elle s'est fâchée avec la vendeuse. Elle ne sait plus pourquoi.

Le paysage ressemble peu à peu à une plaine, des bourgs plus rapprochés avec des usines et des ateliers poussés partout où ils ont pu. Mettre des contraintes à l'industrie du plastique ne viendrait à l'esprit de personne ici. « Sans ça, qu'est-ce qu'on serait devenus ? La Creuse ou la Corrèze ? Peut-être même pire », dit le maire d'une commune.

Le village de Maillat défile sur la gauche, avec la grande scierie et la villa des Ducret, l'écrasante famille du coin. Longtemps, le curé ne commençait pas la messe tant que Mme Ducret n'était pas agenouillée sur son prie-Dieu.

La route de Catherine Burgod passe sous les fenêtres du Futur Ex-Mari à Saint-Martin-du-Fresne, où il s'est installé depuis leur séparation. Elle continue, quatre kilomètres à peine et c'est déjà le lac, ou plutôt une impression de lac, un reflet mat entre les monts Jura. Voilà Montréal-la-Cluse, sa partie neuve d'abord, des rues droites, commerçantes et industrielles. Après les hauteurs glacées et reculées des villages, l'endroit paraît animé par contraste, coloré, une grosse goulée de vie. Les néons des magasins s'allument un à un au milieu des restes de nuit. Des résidences neuves s'adossent contre le flanc jaune de la montagne. C'est là qu'elle avait acheté avec le Futur Ex, près du nouveau collège. L'appartement vient d'être mis en vente, comme celui de La Grande Motte, où ils passaient les vacances.

Au rond-point près du lac, des camions crottés jusqu'au pare-brise avancent l'un derrière l'autre, balançant autour d'eux de lourdes giclées de neige et de boue. Les moteurs gueulent sous un ciel bas, opaque, qu'épaissit encore la fumée des pots d'échappement. Ça patine, ça crisse. L'autoroute vers la Suisse ou l'Italie n'est pas loin. Dans la vitrine de la pâtisserie Debruyère, les décorations de Noël jettent un halo doré.

L'hypermarché Carrefour est en train d'ouvrir, la grande poste ne va pas tarder, le salon de coiffure non plus. Catherine Burgod y a vécu sa période « rousse », sa période « mèches noires et platine », sa période « permanente », sa période « petit carré tout simple ». Son couple avec le Futur Ex-Mari attirait les regards, une belle femme au bras d'un bel homme.

Au moment de leur rencontre, elle venait d'avoir dix-sept ans, lui était un peu plus vieux. Il l'attendait devant le lycée de Nantua en R5 GT turbo bleu électrique. Ça comptait pour elle. Tous les deux aimaient ce qui en jette, les tenues longuement étudiées, sac et chaussures assortis. Ils s'étaient installés ensemble le jour de ses dix-huit ans, ils n'auraient pas tenu une heure de plus. Elle s'émerveillait de le voir si possessif, insistant pour la conduire à Lyon et la ramener quand elle avait commencé sa formation de préparatrice en pharmacie. L'idée venait de son père dont le meilleur ami à l'époque tenait une officine à Montréal. Il voyait déjà sa fille embauchée, puis prendre la succession. Il ne concevait pas la vie loin d'elle.

Ces derniers jours, une copine avait fait remarquer à Catherine Burgod que le Nouveau, ce grand gars sans façon entouré de chiens de chasse, semblait l'inverse absolu du Futur Ex. Maintenant, Catherine Burgod arrive à en blaguer avec la bande de la poste : « Vous vous rendez compte ? Je suis un peu avec un paysan. »

Ça y est, elle vient d'entrer dans le vieux village. Des voitures sont arrêtées en grappe devant chez Fred, le tabac-PMU, clés sur le tableau de bord, le temps de boire un café. On laisse les maisons ouvertes ici, le plus dangereux reste le pillage dans les jardins.

Catherine Burgod se gare à sa place habituelle, devant chez son père, au début de la rue des Granges. À midi, elle déjeunera avec lui, comme tous les lundis, jeudis et vendredis. S'il le décide, ils iront au Charron, en face de la mairie. Depuis des années, sa table lui est réservée chaque jour dans la deuxième salle, celle avec les nappes en tissu et plusieurs verres devant les assiettes.

La poste n'est plus qu'à quelques mètres, de l'autre côté de la fontaine. Un écolier aperçoit la mère et la fille, il reconnaît la Petite, qui lui semble marcher sur la pointe des pieds pour éviter la neige, amassée en croûte dure le long du trottoir. Elle a huit ans.

8 h 24 et 31 secondes : l'alarme de l'entrée est désactivée. Les volets s'ouvrent, la lumière s'allume, le coffre est déverrouillé dans la salle de repos. Un des ordinateurs entre en fonctionnement à 8 h 32. Dans la salle derrière, la Petite chipote son pain au chocolat, puis quitte l'agence pour prendre le car scolaire à 8 h 40, sur le parking de l'école maternelle, cinquante mètres plus bas. La bande de copines ne devrait pas tarder à débarquer. Ça sent déjà le café.

Ce jour-là, le premier à entrer dans la poste est ébéniste, venu en bermuda malgré la neige, le temps de récupérer un paquet, le cadeau de Noël pour sa mère. Il est 9 h 05. Le bureau est ouvert, parfaitement en ordre, mais vide et silencieux. Au milieu de la pièce, il ne voit que le chien de Catherine Burgod, un bichon blanc, parfumé et toiletté comme un milord. Blague des copines : qui des deux, d'elle ou du petit chien, est le plus pomponné ?

Pour attirer l'attention, l'ébéniste risque quelques toussotements d'usage. Le bichon le regarde, puis trotte vers la porte qui sépare le bureau de la salle de repos. Il la pousse du museau, à peine, juste un filet qui laisse entrevoir la lumière allumée. Le chien n'aboie pas, tranquille. Une dame entre à son tour dans l'agence, la secrétaire du cabinet médical à côté, qui vient pour un recommandé. On se salue entre voisins et, d'un même mouvement, tous deux lèvent la tête vers l'horloge. 9 h 07. Le jour devrait se lever, mais les nuages continuent de plomber l'horizon.

Dans la poste, l'ébéniste et la secrétaire médicale parlent de plus en plus fort, volontairement. Rien ne bouge de l'autre côté de la cloison. L'un finit par crier : « Y a quelqu'un ? » Le silence retombe. Résolument, le bichon s'est campé devant la porte entrebâillée. L'ébéniste se décide à approcher. Lorsqu'il frappe, elle s'écarte toute seule. Le petit chien a bondi à l'intérieur de la salle de repos. Sur la table, il y a la tasse de café de Catherine Burgod avec la cuillère dedans, son paquet de Marlboro, un journal de mots fléchés ouvert et le crayon posé avec soin par-dessus. Sa chaise est à peine repoussée, comme si elle s'était levée tout naturellement. Chaque chose est à sa place, pas un papier n'a bougé, mais tout est éclaboussé de sang, une pluie de sang jusque sur les dessins d'enfants au mur, la vaisselle dans l'égouttoir, le pardessus en laine rouge ou le numéro du magazine *Closer* sur le guéridon qui proclame : « Alice : elle a déjà oublié Mathias. »

Le petit chien s'est assis à côté de Catherine Burgod. Elle gît entre l'évier et le coffre, dans une nappe de sang.

À la grande poste, dans la partie neuve de Montréal-la-Cluse, une responsable déboule, suffoquée, incapable de parler. Elle finit par souffler : « Catherine Burgod s'est tuée. » La secrétaire médicale vient de le lui dire au téléphone : « Cette fois, je crois qu'elle a réussi son suicide. » Christophe, un employé qui vient de prendre son service, demande comment ça s'est passé, puis oublie d'écouter la réponse. D'un coup, l'image de Catherine Burgod a envahi son cerveau. Enfant, elle lui semblait hors d'atteinte, dans sa jupe plissée bleu marine et son col blanc, si jolie, si sérieuse. Sa famille paraissait appartenir à un autre monde, des notables qui vivaient à l'hôtel de ville dans un appartement de fonction au-dessus des bureaux. Elle était la fille unique de Raymond Burgod, dont son père avait dit un jour à table : « Attention au bonhomme, c'est un coriace. » Depuis, Christophe le craignait sans savoir pourquoi.

Plus tard, il avait continué de croiser Catherine Burgod, surtout quand elle s'était mise à travailler à la petite poste. Il avait pensé que la frontière entre eux s'était peut-être estompée du fait de leur milieu professionnel commun. Un jour, il s'était décidé à lui rendre visite à l'agence du vieux Montréal, « entre collègues », avait-il avancé. Il se souvient des talons de Catherine Burgod claquant sur le sol quand elle lui avait servi un café, des bottes hautes qui lui montaient au-dessus du genou en s'évasant. Elle était restée debout près de la fenêtre, fumant en silence pendant qu'il vidait sa tasse. Il la regardait en douce. Puis, sans élever la voix mais avec une politesse glaciale, elle l'avait toisé. « Qu'est-ce que tu viens chercher, en fait ? » Il s'était presque enfui.

Devant la petite poste, l'estafette des gendarmes s'est garée en travers de la rue. Il est 9 h 38. Eux aussi ont reçu une alerte signalant un suicide. Visages défaits, pas envie de parler. Pour dire quoi ? Chacun des hommes de la brigade avait fait de Catherine Burgod une histoire personnelle. C'est eux qui l'avaient sauvée à sa première tentative d'en finir. Il s'en était fallu de peu. Grâce à son téléphone, ils avaient remonté sa trace jusqu'aux alentours de Bourg-en-Bresse, mais leurs collègues là-bas étaient trop occupés pour prendre le relais. Alors, malgré des consignes contraires, deux adjudants de Nantua avaient patrouillé eux-mêmes jusqu'à tomber, au petit jour, sur la Mini Cooper noire garée devant un hôtel dans la zone industrielle. Chambre 128, Catherine Burgod était allongée sur le lit, dans sa robe préférée, les mains jointes sur la poitrine.

Depuis, l'habitude avait été prise à la brigade d'établir un contact avec elle, au gré des opérations, des petits saluts informels. Les hommes se bousculaient pour la couver. Maintenant, leurs gyrophares strient à grands traits bleus les guirlandes de Noël qui se balancent par-dessus la petite poste. Un gendarme pleure, celui qui était amoureux d'elle.

À l'usine, le Nouveau s'étonne. Il vient d'envoyer un SMS : « Salut mon cœur. » D'habitude, elle répond tout de suite.

La place de la fontaine est presque vide encore. Neige et pluie mélangées, ça s'est remis à tomber, l'hiver s'annonce interminable. Un employé municipal installe des barrières pour interdire l'accès et des voisins s'avancent, trois ou quatre, pas plus. Ça parle d'elle, de Catherine Burgod, tout le monde se découvre une histoire à raconter. « Elle n'allait pas bien, à une époque. J'avais voulu lui parler sur le parking de l'école et elle avait remonté sa vitre », explique une mère de famille. On évoque le suicide. Quelqu'un relance : « Moi, je ne sais rien d'elle, sauf qu'elle a changé de conjoint une fois ou deux, qu'elle était enceinte et qu'elle a des problèmes de dépression.

– C'est déjà pas mal pour quelqu'un qui ne sait rien », relance une dame sous un parapluie. Un rire part, stoppé net. La dame au parapluie, à nouveau : « Pour moi, une femme enceinte ne se suicide pas. »

À la petite agence du vieux Montréal, le médecin du village vient d'arriver. Il ressort presque aussitôt. « Elle a été assassinée à coups de couteau. »

6

À travers la vallée, de poste en poste dans les villages, à Izernore, à Nurieux, à Maillat, les trilles des portables se suivent et se répondent. Près de Matafelon-Granges, au-dessus d'Oyonnax, le téléphone d'une factrice sonne, mais elle n'arrive pas vraiment à comprendre ce que lui dit sa collègue. On dirait que l'autre pleure à l'appareil. La factrice finit par s'arrêter vers le chemin du lac, pas loin du terrain de golf, un brave neuf trous dont la région a voulu se doter avec l'avènement du plastique. La factrice fait répéter à nouveau et finit par entendre crier dans l'appareil : « Catherine Burgod a été assassinée. » Elle reste assise dans sa voiture, incapable de sortir distribuer les colis ou simplement bouger. Combien de temps ça a duré ? Dix minutes, deux heures ? Chacun peut raconter, aujourd'hui encore, ce qu'il faisait ce matin-là au moment d'apprendre le meurtre de Catherine Burgod. « Notre 11 Septembre à nous », répète Patrick Dufour, adjoint au maire à l'époque.

Près de l'église de Montréal, une ouvrière se souvient d'avoir préparé le déjeuner, sans bruit à cause de son mari, qui venait de se coucher. Il fait les horaires de nuit, rentre de l'usine à 4 heures, puis ordinateur jusqu'au lever du jour. Ça le calme, il paraît. Elle-même vient de passer à sa boîte, où un plan de licenciement a été lancé. Ces derniers mois de 2008, la Plastic Vallée vient de se prendre frontalement la crise financière, chute de l'activité de trente pour cent, division par dix du personnel dans certains établissements et chômage technique pendant les fêtes de Noël pour beaucoup. Dans sa boîte à elle, la direction a convoqué les salariés un par un – même les chefs – pour leur annoncer s'ils seront gardés ou non. Tout le monde piétine devant la machine à café, dernière ligne de démarcation, où les déjà virés peuvent encore discuter avec les pas encore reçus. Chacun s'efforce de donner le change. Peu de gestes, phrases comptées. Le silence serait total si un cadre ne s'aventurait à une confidence : il ira faire les récoltes de fruits en camping-car si jamais il fait partie des licenciés. Trop vieux pour une autre usine.

Quand l'ouvrière est reçue, une directrice lui annonce qu'elle est sur la liste, précisant d'un ton neutre : « Je veux dire la liste des départs. » L'autre demande jusqu'à quelle date elle peut venir vider son vestiaire. Voilà. C'est fini. Les deux femmes se saluent.

De retour chez elle, dans le vieux village de Montréal, l'ouvrière s'efforce de penser à autre chose, au sapin de Noël par exemple qu'elle décorera avec sa fille tout à l'heure. Le téléphone sonne. C'est sa mère. Il faut lui annoncer le licenciement avant qu'elle l'apprenne par la rumeur. « J'ai une mauvaise nouvelle », elle dit.

La mère s'étonne : « Tu es déjà au courant pour Catherine Burgod ?

– Pourquoi tu me parles d'elle ? » râle la fille. Elle a toujours considéré la postière comme une « petite chochotte », famille favorisée, enfant unique, fille à papa. Bref, le genre à toujours être sur la bonne liste.

« Elle a été assassinée ce matin », continue la mère.

Alors, les digues lâchent, les sanglots la submergent. Son mari vient de se réveiller. « Pourquoi tu pleures ? » il demande. Elle n'arrive pas à répondre, les choses se mélangent, comme dans un rêve désagréable, le bureau de la chef à l'usine se confond avec celui de Catherine Burgod à l'agence. Elle revoit le bichon blanc au bout de sa laisse rouge, assortie au manteau rouge de sa maîtresse.

Dehors, le temps s'est accéléré. Des barrages ont commencé à se dresser dans le village. La poste de poupée est devenue scène de crime, un pompier en barre l'accès. Certains entrent quand même, le médecin du SMUR avec une infirmière et une stagiaire, suivis du maire puis d'un adjoint. Des habitants commencent à s'approcher et le pompier s'applique à les scruter, un à un, attentif à d'éventuelles marques de sang. Il inspecte le trottoir devant l'agence, aucune empreinte de pas suspecte, même la poignée de porte lui semble intacte, propre. L'image lui restera : une scène de crime d'une grande violence, mais sans trace autour. « Ç'a été bien fait », dit le pompier aux gendarmes. Il n'habite pas Montréal, mais en connaît la réputation, un village si tranquille, pas le genre d'endroit où se commettent les crimes crapuleux. Lui, en tout cas, n'y croit pas.

Au complexe sportif Paradis, un peu plus bas, les cours d'éducation physique vont commencer quand une dame en bonnet arrête sa voiture à la hauteur de l'institutrice. Elle crie à pleins poumons : « Catherine Burgod s'est fait égorger », mimant le geste, la main sur le cou. La maîtresse se précipite pour la calmer. La fille de Catherine Burgod est justement parmi les enfants qui s'avancent en rangs, deux par deux, alors que grossit à travers le brouillard le hurlement des sirènes. « Qui a été égorgé ? » se mettent à crier les élèves.

Près de la fontaine, Lilou Morosi, le maire, et son premier adjoint sonnent chez Raymond Burgod. Il ouvre. Pantalon de flanelle et chemise repassée, la trace du peigne dans les cheveux, un parfum de savon : il s'apprêtait à sortir.

7

Les sirènes dans le vieux village ont intrigué Rambouille et Tintin. Ils sortent des HLM verts, poussés par la curiosité, nez en l'air. Un premier barrage les arrête du côté de chez Fred, le tabac-PMU. Une ouvrière raconte à la cantonade que « la postière a été tuée ». Les deux n'ont pas besoin de se regarder pour comprendre qu'ils ont exactement la même idée : Thomassin vit en face de l'agence, il aura forcément des choses à raconter. Ils hâtent le pas pour arriver chez lui, impatients de l'entendre. Près de la fontaine, le policier municipal les contrôle à nouveau. Il doit être 10 h 30 quand ils descendent les trois marches de la Grotte. Le froid de la neige entre brutalement dans la pièce avec eux. Derrière les volets clos, la lumière floue de la télé éclaire vaguement la pénombre, une atmosphère de grands fonds aquatiques. Le programme tourne sur *Magnum*, une des séries favorites de Thomassin.

Les questions de Tintin se bousculent, même Rambouille ne tient pas en place. Et là, Thomassin, la grande gueule, explique qu'il n'a rien vu, rien entendu. Tintin doit s'asseoir, tellement la déception le submerge. « Tu nous prends pour des cons ? » Thomassin habite à moins de dix mètres d'un meurtre comme le vieux village n'en a jamais connu et rien de bizarre ne l'aurait frappé ? Tintin fulmine. « C'est bien la peine de nous bassiner avec tes aventures de voyou : quand il se passe vraiment un truc, tu regardes ailleurs. » Rambouille va vers le soupirail, ouvre les volets. De là, il aperçoit les mollets des passants, mais pas l'entrée de la poste. Il s'énerve, se tord le cou devant la fenêtre, monte sur la pointe des pieds. Tous les trois se chamaillent encore un peu, tournent en rond. Puis finissent par sortir.

Dehors, les ratissages ont commencé, des gendarmes patrouillent partout, même à l'entrée du chemin forestier qui monte vers Beauregard, la ferme abandonnée. Mais aujourd'hui, les Dalton ne s'exileraient là-haut pour rien au monde. Ils ne veulent pas s'échapper, au contraire. Ils brûlent de se laisser happer par le drame, de s'y plonger tout entiers. Ils se perchent près du cimetière que surplombe une croix immense, à dos de montagne. De là, la vue sur le vieux village est imprenable : l'excitation anormale du bourg, les gens sur le seuil des maisons et les voitures officielles qui continuent d'arriver, les magistrats, les experts. Des équipes de télévision se sont mises à cavaler autour de la fontaine, comme sur un manège. Thomassin râle. Les journalistes vont le reconnaître et découvrir où il habite. Dans le monde du cinéma, l'acteur a la réputation de se volatiliser sitôt la dernière scène tournée. Il ne participe pas au traditionnel repas de fin de tournage, n'assure jamais la promotion de ses films. Les appels se perdent dans le vide, pistes effacées, localisation impossible. Il n'est plus nulle part. Ça peut durer des mois avant qu'il réapparaisse. « Faut que je me planque, sinon ils vont vouloir m'interviewer, panique Thomassin. Moi, je suis un acteur sauvage et solitaire. »

Rambouille sent une colère qui monte. Ça le rend fou, cette capacité de l'acteur à faire son cirque, à se mettre toujours au milieu de l'image, lui et son César. Aujourd'hui, une femme enceinte baigne dans son sang et c'est encore de lui qu'il parle. Les yeux de Rambouille hésitent, puis se plantent sur Thomassin. Au fond, il habite en face de la poste, il passe plusieurs fois par mois y chercher son RMI, à coups de retraits de plus en plus dérisoires : 145 euros, 15 euros, 9 euros, 4,47 euros, 1,13 euros, 39 centimes. Une dizaine de jours plus tôt, c'est Rambouille lui-même qui l'avait accompagné au guichet. Catherine Burgod s'était montrée arrangeante : l'informatique marchait mal, l'opération demandait du temps, elle l'avait fait avec le sourire. Dans la salle derrière, il avait entrevu une enfant qui faisait ses devoirs. Ce jour-là, Thomassin avait vidé son compte, 43 euros. Ça leur avait semblé énorme alors, l'impression de gagner au Loto. En y pensant, Rambouille se dit que l'acteur n'a déjà plus un sou pour finir le mois de décembre. Brusquement, il lui demande : « Dis donc, il est où ton couteau avec ton nom gravé ? »

L'acteur a pâli. « Qu'est-ce que tu veux dire ? »

Une sorte de jubilation envahit Rambouille à clouer le bec de Thomassin, à le voir perdre pied, lui et ses éternelles jacasseries. Thomassin ouvre son sac-banane et sort son cran d'arrêt.

Rambouille, de nouveau : « Ce serait pas toi, par hasard ? »

« Gérald a dit non, catégoriquement, mais on a vu que la question lui avait hérissé les poils », témoignera Tintin plus tard devant les gendarmes.

Rambouille se tait. Lui aussi pourrait raconter sa vie, s'il voulait, la maison de famille près de Lyon, les solides situations de ses frère et sœur. Mais est-ce qu'il a vraiment eu les mêmes chances qu'eux ? Lui avait décidé de partir faire ses preuves ailleurs, mais il étouffe maintenant entre les lacs et les sapins, à Montréal où chacun sait qu'il a pris de l'héroïne, passé deux mois en taule et que sa copine l'a mis à la porte. Ça doit rire dans son dos. Depuis, Rambouille habite tantôt chez Tintin, tantôt chez Thomassin, tout en les méprisant. Il devrait s'en aller. Mais son ex vit toujours à Montréal avec cette petite fille qu'ils ont eue ensemble, visage d'ange, cinq ans. Elle est l'adorée, l'épicentre de sa vie, la promesse que tout n'est pas perdu. Quand il est avec elle, Rambouille interdit aux deux autres de l'approcher. Plutôt mourir qu'elle le voie avec des alcooliques comme eux.

Tintin a repris une canette. Il est saoul, pas tout à fait mais ça ne devrait pas tarder. Une pluie glaciale s'est mise à tomber, aucun des trois ne la sent.

Dans la région, ce n'est pas un meurtre, mais deux qui ont eu lieu. Le même matin, le patron d'une agence immobilière a trouvé son assistante poignardée vers 10 h 30, à Saint-Julien-en-Genevois, une cinquantaine de kilomètres vers la Suisse : Maria Carmen Bertherin, trente-neuf ans, trois enfants, assurait seule l'ouverture de l'agence. Hypothèse : un serial killer armé d'un couteau piste les femmes seules dans les boutiques.

En fin d'après-midi, une équipe de gendarmes-profileurs se pose en hélicoptère au stade de Montréal-la-Cluse. Les projecteurs ont été allumés comme pour un soir de match et les enfants tendent leur téléphone à bout de bras pour prendre des photos. Après quelques heures, les profileurs concluent qu'un seul homme n'aurait pas eu le temps de commettre les deux meurtres. Hypothèse abandonnée. Ils quittent le bourg.

À Montréal-la-Cluse, la peur s'est installée. Les commerces et les administrations ferment brutalement, un couvre-feu improvisé. Une main a déposé une rose blanche devant la poste. L'idée paraît brillante à Thomassin. Il tape quelques euros à un voisin pour en déposer une seconde.

8

Le jour du meurtre, les enquêteurs ont installé leur quartier général dans la mairie de Montréal-la-Cluse, une bâtisse toute blanche posée au bord du rond-point, comme un gâteau sur une assiette. Les employés ne sont pas rentrés chez eux mais aucun ne travaille, ils n'essaient pas. Par réflexe, ils se sont regroupés dans un bureau pour ne pas être seuls. Même ceux qui étaient en congé sont venus, rien que pour se rassurer.

Les auditions ont commencé, les témoins et les proches défilent, le père, les enfants, le Nouveau, le Futur Ex. Le fils de Catherine Burgod arrive de Lyon, où il passait un examen en aménagement du territoire à l'université. Son père était venu le chercher en voiture. Il lui avait demandé d'être fort : quelque chose s'était passé à la poste. Sans qu'il ait besoin de le dire, le fils avait compris que sa mère avait été tuée.

Dans la mairie, personne n'ose lui adresser un mot, le crime a brusquement tracé un cercle autour de lui et sa famille, qui les isole du reste du monde.

La section de recherches de Lyon a été désignée pour conduire les investigations, une des unités les plus prestigieuses de France :

on n'y postule pas, on y est nommé. On ne saurait mieux signifier que le dossier a été classé parmi les « affaires signalées », celles que la chancellerie garde à l'œil et que les magistrats posent en haut de la pile. À la mairie, les enquêteurs font passer les auditions dans la salle des mariages, installés sur les imposants fauteuils en cuir frappé d'habitude réservés aux époux pendant la célébration. Sur la cheminée, sourit une Marianne en plâtre. Raymond Burgod l'avait choisie lui-même sur le catalogue des accessoires pour mairies.

La nuit commence à tomber quand le Futur Ex-Mari est entendu. Les derniers mois de leur vie commune se passaient mal, il est le premier à le reconnaître devant les gendarmes. Son travail prenait toujours plus de place, il rentrait tard, elle se retrouvait seule à la maison avec les enfants. Il y a quelques mois, elle lui avait annoncé qu'elle ne vivrait plus avec lui parce qu'elle ne l'aimait plus. Elle l'avait dit en deux phrases, pas un mot de plus, et il avait tout de suite compris qu'elle était sérieuse. Elle n'était pas du genre à mentir. Mais il restait persuadé qu'elle finirait par lui revenir, comme elle l'avait fait quinze ans plus tôt, après une première séparation. Lui ne voulait pas la quitter, il l'appelait souvent au téléphone. « Trop souvent. » Puis avait renoncé. Ils ne se rencontraient plus que chez l'avocat et pour les enfants.

9

Dans l'église de Montréal-la-Cluse, Raymond Burgod se tient au premier rang, encadré d'un côté par le Nouveau, de l'autre par le Futur Ex. Trois loques humaines, l'expression se murmure d'un prie-Dieu à l'autre dans la nef bondée. Le 26 décembre 2008, on enterre Catherine Burgod.

Quelques jours plus tôt, Lilou Morosi, le maire, a fait l'ouverture du journal télévisé. De son côté, la famille a publiquement invité « tous ceux qui se sentent concernés pour qu'ils fassent un maximum de bruit. Pour nous, c'est aussi un message pour que les enquêteurs et la justice ne baissent pas les bras. Un monstre est entré dans la ville et nous voulons qu'il soit arrêté et sévèrement puni ». Le village se bouscule, mais aussi la vallée, on est venu de loin. Jamais cérémonie n'a attiré autant de monde, des personnes par centaines.

La famille a été prévenue que des gendarmes en civil se planqueraient au milieu de la foule. L'assassin ou les assassins assistent souvent aux funérailles de leur victime, a-t-on expliqué à Raymond Burgod. Depuis, il n'arrête plus d'y penser : le coupable se tient là, quelque part, il en est sûr. C'est quelqu'un d'ici, qui doit avoir ciblé sa fille, pour quelque obscure vengeance. Autour de lui, il dévisage longuement les hommes, les uns après les autres, rageant à l'idée d'en rater un, traquant le moindre détail. Et si c'était lui ? Ses yeux s'attardent longuement sur un moustachu baraqué, la gueule de travers, de longs cheveux. Dans le bourg, le type lui avait mal parlé un jour, ça lui revient. Un gitan, peut-être ? Est-ce qu'il aurait voulu l'atteindre à travers sa fille ? Dans les odeurs d'encens, Burgod ne le lâche pas du regard, étranglé par une rage muette. Il va interrompre la cérémonie, se jeter sur lui, appeler les gendarmes. Puis il se reprend. Son élan retombe et la douleur, un instant anesthésiée par la colère, se réveille. À nouveau, elle engloutit tout, l'église, la foule, le moustachu baraqué. On chante des psaumes, qu'il n'entend plus. Les lèvres de l'enfant de chœur remuent dans le vide en silence, des baskets dépassent de son aube. Dehors, la neige, de nouveau.

Depuis la mort de sa fille, le père a épinglé chez lui une photo. Ils sont en vacances tous les deux, quelque part en Tunisie dans les années 80. On les croirait frère et sœur, souriant ensemble dans le soleil, elle ravissante adolescente, lui l'allure juvénile, de la prestance, une main sur son épaule. Cet été-là, il lui avait fait une scène quand elle avait souri à un serveur un peu trop empressé. Ce n'était pas de la jalousie, au sens où on l'imagine habituellement. Au contraire, ça lui plaisait qu'elle plaise. Les regards admiratifs le faisaient jubiler, il les guettait et ne perdait jamais une occasion de faire remarquer en public combien sa fille était jolie. Mais elle devait montrer du caractère, ne pas se laisser faire.

Ils savaient se faire tourner en bourrique, l'un et l'autre. Elle levait les yeux au ciel dès qu'elle reconnaissait sa voix au téléphone et s'inquiétait quand il n'appelait pas. Lui, pareil. Elle lui demandait : « Et cette petite tenue, comment elle me va ? » Il était son miroir le plus implacable. Dès qu'elle lui semblait avoir grossi de cinq cents grammes, le verdict tombait : « Tu as pris du lard. » Il la voulait parfaite.

Pour les obsèques, Raymond Burgod a exigé de se charger de tout. Être pour sa fille un inépuisable Père Noël avait toujours fait partie de leurs relations. Elle demandait : « Quel budget tu me donnes ? » Il répondait : « Achète, je paie. » Elle faisait le tour des magasins, il passait régler derrière elle. Ç'avait commencé avec ses babioles d'enfant, puis ses toilettes de jeune fille, une partie de son appartement à Montréal, l'assurance-vie, la Mini Cooper noire au toit blanc.

À aucun moment il n'a imaginé qu'un autre que lui puisse se charger de ce dernier geste, l'enterrer. Un conseiller financier avait reçu la famille quelques jours plus tôt. Pendant le rendez-vous, personne n'avait risqué la moindre parole : Raymond Burgod a toujours été le patriarche, sans contestation. Sa courtoisie face au conseiller avait été parfaite, sa bouche fine souriait quand il fallait, les mots sortaient dans le bon ordre, mais ses yeux restaient vagues, déconnectés de la réalité. « Je vous conseille d'attendre les factures pour commencer à régler… » avait avancé le financier. Il essayait de capter l'attention du père, détachant chaque mot, répétant des bouts de phrases, sans être sûr que l'autre l'écoutait vraiment. Il lui avait conseillé de prélever le coût des obsèques sur le compte de la défunte. L'opération est autorisée jusqu'à un certain montant. Burgod avait sursauté. « Je ne touche pas à l'argent de ma fille. Je paie tout moi-même, et tout de suite. » Il avait signé le chèque et tourné les talons. Il était redevenu le Burgod de la mairie, celui qui régnait sur les services, habitué à être obéi.

Le cercueil sort de l'église. Dehors, une foule s'est massée, un piétinement de journalistes, d'amis, de gendarmes, de curieux dont la majorité n'ont pu entrer dans la chapelle. La chanson de *Titanic*, une des préférées de Catherine Burgod, fait trembler les haut-parleurs et les murs du vieux village. De temps en temps, une voix vient couper celle de Céline Dion, demandant de ne pas se rendre au cimetière pour laisser les proches se recueillir. Des étrangers se font indiquer la place près de la fontaine où Catherine Burgod s'est garée la dernière fois, ou bien l'arrêt du car scolaire pris par sa petite fille. On passe de l'un à l'autre, s'arrêtant plus longuement devant l'agence postale, tête baissée, une sorte de chemin de croix. Au pied de la boîte aux lettres jaune, cerclée par les rubans en plastique fluo posés par la police scientifique, se dresse un temple de bougies, de peluches, de menues offrandes.

Deux fourgons entiers de couronnes grimpent vers le cimetière. Avant une de ses tentatives de suicide, Catherine Burgod avait écrit dans une lettre : « Pas de fleurs mais du monde, plus on est de fous, plus on rit. Je préfère mourir encore jeune et belle que vieille et malade. Je ne veux pas être incinérée, j'ai peur ☹. »

II

La chasse

10

Alors qu'il interrogeait les témoins dans la petite poste, un gradé de l'institut de recherche criminelle avait demandé à un jeune pompier, arrivé parmi les premiers : « Vous avez touché quelque chose ? Le corps ? » L'autre avait manqué s'évanouir, rien qu'à entendre la question. Toucher le corps ? Mais il voudrait ne l'avoir jamais vu ! Si seulement il pouvait effacer l'image de son cerveau : elle, écroulée sur le dos entre l'évier et le coffre, les bras en croix et les jambes repliées, à angle droit, chacune dans un sens différent. Un masque de sang recouvrait son visage, les lunettes en travers, le menton retombé sur la poitrine. Elle ressemblait à un « pantin désarticulé ». L'expression lui fait horreur, mais il n'arrête pas de la répéter. Et juste à côté, au bord d'une nappe de sang, il y avait un foutu petit chien blanc qui agitait la queue en tirant la langue, comme dans les dessins animés. Le pompier avait dû sortir en courant.

L'extrême violence du crime a suffoqué tout le monde, y compris l'équipe de médecins légistes : vingt-huit coups de couteau, dont certains ont transpercé les poumons et brisé des côtes. Six étaient mortels, dont deux à la gorge.

La somme dérobée, elle, atteint péniblement deux mille six cents euros, un butin qui paraît bien maigre pour pareil massacre. On n'arrive pas à le croire d'ailleurs, les enquêteurs pas davantage que les autres. Sans écarter la piste d'un braquage qui aurait mal tourné, ils en privilégient une autre : la passion, déguisée en cambriolage par le vol de quelques milliers d'euros.

Règle numéro 1 dans les affaires criminelles : les intimes sont les premiers suspects. « On sait qui c'est ? L'ex-mari ? » demande un gradé à un autre. Pas besoin d'en dire plus, on est entre soi. En ce début d'enquête, le Futur Ex est le seul dont le nom revient systématiquement, d'audition en audition. Le seul en tout cas à qui on puisse prêter un mobile.

« Lorsqu'elle a été assassinée, certains ont pensé à son mari, témoigne une amie de classe à la section de recherches. Moi, je n'y ai pas pensé tout de suite. Ce n'est que plus tard, quand j'ai appris que Catherine avait reçu plusieurs coups de couteau et que la personne s'était acharnée. Pour moi, l'acharnement dont j'ai entendu parler par des proches ne peut être dû qu'à une vengeance, cette violence doit être personnelle. J'ai pensé que son mari avait appris la grossesse de Kathy et s'était emporté. J'espère que mes idées sont fausses et que ce n'est pas lui. Je l'espère vraiment pour les enfants. Je prie pour que ce ne soit pas lui. »

La mise à nu du Futur Ex commence, les gendarmes se sont mis à disséquer sa vie. Tout ce qu'il a passé tant d'années à enfouir va être exposé au grand jour, son intimité étalée, ses secrets éventrés, les plus importants comme les plus dérisoires. Famille, amitiés ou réputation seront pulvérisées, sans épargner la douleur, ni les sentiments. Une instruction judiciaire ressemble à une dévastation.

Vue à travers la loupe des enquêteurs, la dernière semaine du Futur Ex paraît un compte à rebours jusqu'au matin du meurtre.

Ça démarre le dimanche, à midi, pendant l'apéritif chez son frère aîné. On trinque à un neveu qui vient d'être reçu au concours de motard dans la police. Dans la famille du Futur Ex, on ne badine pas avec la réussite. Lui avait dix ans et ne parlait pas un mot de français quand il était arrivé d'Italie avec ses frères. Des familles avaient déjà traversé les Alpes pour travailler dans le Haut-Bugey, à pied parfois. Beaucoup vivaient au « quartier nègre », comme on appelait alors les cabanes derrière la scierie, où le reste de Montréal ne s'aventurait pas, les filles surtout. Les Italiens baissaient les yeux devant les gendarmes. Au moindre problème, c'était pour eux. En une génération, ils s'étaient imposés. L'époque le permettait, le plastique avait créé une émulation folle : qui se lançait pouvait réussir s'il savait y faire. Des pauvres devenaient riches, des émigrés se transformaient en patrons. Cela avait donné un regard différent sur cette communauté italienne : ils avaient forcé l'admiration d'avoir osé.

Chez le frère du Futur Ex, la conversation perd son tour joyeux quand une belle-sœur lâche : « Kathy est enceinte. » Il comprend que tout le monde est au courant, sauf lui.

Dans la semaine, ses appels à son ex-femme se perdent dans le vide. Noël approche, on le trouve décomposé. Il répète : « Heureusement que j'ai les enfants pour me raccrocher. »

Pendant son audition chez les gendarmes, il affirme être resté seul chez lui la veille du crime jusqu'au lendemain matin, quand le maire Lilou Morosi lui a annoncé : « Il est arrivé un malheur à la poste. »

Règle numéro 2 : tout le monde ment à un interrogatoire. Le problème est de trouver pourquoi. Le Futur Ex comme les autres. Il fait d'ailleurs marche arrière assez vite. En fait, lui aussi compte refaire sa vie. Il a rencontré une femme, il voudrait que ce soit avec elle. Ils étaient ensemble le 18 décembre 2008. Une soirée épouvantable.

Il avait convenu de l'attendre à la sortie de son travail, puis de filer ensemble chez lui. Il s'en faisait une fête. À la cuisine, devant un thé qu'elle a absolument tenu à boire, elle lui annonce qu'elle rompt. Il encaisse mal, mais ce n'est pas le type à lâcher facilement l'affaire. Il propose de la retrouver après le banquet de fin d'année, où elle doit se rendre le soir même, dans une auberge de montagne.

Pour tuer le temps, il s'arrête dans un bar où il a ses habitudes. Le rideau de fer est à moitié baissé, mais le patron lui sert un kir. Puis il finit au Capri, la pizzeria à côté. À minuit, il est au rendez-vous de l'auberge. La discussion reprend : aucun des deux n'a changé d'avis. À l'embranchement de La Voûte, ils se séparent. Elle rentre chez elle et lui chez lui. Le Futur Ex affirme ne plus avoir quitté son appartement ensuite.

Le matin du crime, une voisine aperçoit en effet sa voiture sur le parking vers 8 h 15. Puis, son ordinateur se connecte chez lui à 9 h 09. Mais entre les deux, « les investigations laissent apparaître une inconnue de 45 minutes », note un rapport. Or, cette « inconnue » coïncide exactement avec l'heure du crime : entre 8 h 37 et 9 h 05, deux jalons établis à la minute près. À 8 h 37, en effet, Catherine Burgod envoie son dernier texto à une copine, qu'elle termine sur ces mots : « On va super bien. Bisous. Kathy. » Ensuite, le premier client, l'ébéniste, se présente au guichet à 9 h 05.

L'amie du Futur Ex est convoquée, les moindres détails de la soirée inlassablement revus. « Ce soir-là, il était vêtu de noir, comme à son habitude. Il portait un jean, je pense, avec un pull noir et un blazer noir. Il avait peut-être une chemise noire. » Elle l'a toujours connu soucieux de son look, même sa voiture, une Audi A4, est noire. À la lumière crue des interrogatoires, les gestes les plus banals paraissent soudain équivoques, chaque mot semble se charger d'un sens caché. « Pourquoi noir ? » insiste un gendarme. Même le fameux kir bu au comptoir prend une teinte suspecte. « C'était un mâcon-kir, un double, précise le patron. Il en a voulu un second. Au départ, je ne voulais pas le servir, mais il a insisté. Il a discuté avec un client, puis il est reparti seul. » Au fait, le patron allait oublier : il a aussi passé un appel. L'opérateur téléphonique donne le nom du correspondant : un jeune homme de l'équipe commerciale du Futur Ex. « Il m'a dit que le débriefing hebdomadaire ne se ferait pas, à cause d'un problème avec sa mère », explique le collaborateur.

La réunion était prévue chez lui le 19 décembre à 8 h 30, c'est-à-dire le matin du crime.

Les enquêteurs insistent : « Êtes-vous sûr qu'il vous a téléphoné le jeudi soir pour déprogrammer le débriefing du lendemain ?

– Oui.

– Est-ce qu'il avait déjà déprogrammé un débriefing ?

– Non, c'est la première fois. »

Tout semble s'emboîter avec une logique implacable : le crime d'un homme à bout qui, en quelques jours, apprend la grossesse de son ex-femme, puis que sa maîtresse le quitte.

Les dépenses du Futur Ex sont épluchées, ses proches convoqués, ses deux ordinateurs et son agenda saisis. La perquisition a lieu le jour du réveillon, le 24 décembre, au son de « Petit Papa Noël » diffusé par les haut-parleurs dans la rue. Son appartement et sa voiture sont passés au Bluestar, une formule chimique qui fait apparaître les traces de sang, même anciennes ou nettoyées. Il est placé sur écoute, ses frères aussi.

11

L'hypothèse du drame passionnel vient de se fracasser contre un élément majeur : le Futur Ex est innocent, absolument. Dans son bestiaire personnel, un expert le classe parmi l'espèce des « miraculés de la science ». Il y a trente ans, si innocent fût-il, il aurait sans doute fini devant une cour d'assises et – qui sait ? – figurerait dans l'espèce nettement moins réjouissante des erreurs judiciaires. Mais, en quelques décennies, les spécialistes sont devenus un élément essentiel de la machine.

Dans la petite poste, des indices ont été découverts, notamment génétiques, à des endroits stratégiques de la scène de crime. Une main sanglante a laissé son empreinte sur le monnayeur du guichet, où l'argent a été raflé. La main est celle d'un homme : un chromosome Y (c'est-à-dire masculin) a en effet pu être isolé. Le sang est celui de Catherine Burgod.

Un second élément existe : un sac de sport en tissu noir fermé par un lacet coulissant et siglé Gilbert, une marque de rugby. Il était posé au milieu de la table, vide et taché de gouttelettes de sang, celui de la jeune femme. Là encore, un chromosome Y a été détecté, avec de l'ADN cette fois. Certes, les relevés sont partiels, les quantités faibles, mais les labos sont formels : c'est le même homme qui a touché à la fois le sac et le monnayeur. Or, cette empreinte génétique n'est pas celle du Futur Ex, ni d'un de ses proches. Chez lui, la perquisition n'a rien donné, pas plus que le test au Bluestar.

Après un mois, l'enquête vient de basculer à Montréal-la-Cluse. Pendant ce temps, à Saint-Julien-en-Genevois, les investigations sont déjà bouclées – arrestation comprise – pour le meurtre commis le même jour dans une agence immobilière, et qui avait d'abord laissé croire à un tueur en série. L'assassin avait aussitôt utilisé la carte bancaire de la victime, puis laissé ses traces sanglantes sur un journal, dans le bar à côté du lieu du crime. Ses aveux n'ont pas traîné pendant la garde à vue. Quand il avait demandé la caisse, l'employée Maria Carmen Bertherin lui avait balancé une énorme gifle, du haut de son mètre cinquante-cinq. Il avait sorti son couteau. « J'y étais allé pour l'argent, pas pour tuer. J'ai pété un câble, je n'arrive toujours pas à l'expliquer. Je ne me revois pas faire le geste, j'ai un trou noir. » L'homme était au chômage et voulait offrir un Noël à ses enfants.

12

À Montréal-la-Cluse, la chasse commence. Les gendarmes et les magistrats affichent un certain optimisme. À première vue, l'affaire « ne devrait pas poser trop de complications ». La géographie, surtout, semble une bonne alliée : un petit bourg dans le Haut-Bugey, région qui recense soixante mille âmes à peine, sans aucune grande ville.

Ici, la vie coule, transparente comme un verre d'eau. On sait qui travaille où, dans quelle boîte, à quels horaires. Les déplacements, les regards, les conversations, tout se croise. Même sans y prêter garde, les mouvements se remarquent aux fenêtres qui s'allument, aux voitures qui circulent. Dans le vieux village, rue des Granges, les voisins laissent une chaise devant la porte, les côtelettes grillent dehors, fondue collective ou apéritif général, bavardage sur le seuil. On prend parfois le petit déjeuner en robe de chambre, tous ensemble à une longue table de banquet dressée au milieu de la chaussée. Pour le 14 Juillet, le bal masqué de Zinzin, rue de la Ville, fait danser plus de monde que la fête officielle à la mairie. Dans ce huis clos de venelles frangé par la forêt, quelqu'un doit forcément avoir remarqué quelque chose.

De maison en maison, les gendarmes sonnent aux portes, leur éternelle interrogation aux lèvres : quels ennemis avait la postière ? Ils ne récoltent qu'un étonnement douloureux. « Mais qui aurait cru qu'on assassinerait un jour Catherine Burgod ? lance le médecin du bourg. C'est la dernière à qui on imaginerait s'en prendre. Elle était aussi bien vue qu'on peut l'être. » La question même paraît déplacée. Si quelqu'un avait visé le père, l'affaire aurait pris une autre dimension. Il n'y aurait que l'embarras du choix : on n'occupe pas un poste exposé dans une mairie pendant tant d'années sans se fabriquer des haines et des conflits, lui en particulier, avec son caractère tranchant. Mais elle ! Elle qui ne se mêlait ni de politique, ni de la sphère publique. Elle qui votait du bout des doigts, parce qu'il faut bien voter quand on a un père à la commune. Elle qui n'était ni dans les associations, ni dans les clubs de sport. Elle qui n'était dans rien.

Vingt-quatre fenêtres ont une vue directe sur l'unique entrée de la poste, par laquelle l'assassin est obligatoirement entré et sorti. Ça s'est passé le matin, à une heure de passage, quand les enfants vont à l'école et les parents au travail. La fréquentation a étonné les gendarmes, qui ont recensé le trafic de 342 véhicules et 431 piétons à proximité de l'agence, un jour et à un moment comparables.

De fait, on se bouscule pour témoigner et l'inventaire des choses vues n'en finit pas : deux témoins de Jéhovah bien habillés (dont l'un était une jeune femme asiatique) ; une camionnette blanche sans personne à l'intérieur, une petite citadine bleue nouveau modèle, un vendeur de calendriers pour les sans-abri, une Opel grise qui avait l'air volée, une fourgonnette sombre dont l'avant était tourné vers l'église et une Peugeot 405 orientée, elle, dans l'autre sens ; une Golf verte ancien modèle assez sale avec des affaires dedans comme si quelqu'un y avait couché ; un 4 × 4 noir style Suzuki du côté du cimetière, une Mercedes immatriculée dans le Loiret, une Renault roulant lentement avec un A à l'arrière. Une assistante maternelle a remarqué une 607 grise en face de la poste « avec un Maghrébin au volant ». À bien y réfléchir, c'était la veille. Pour le véhicule « ni clair ni foncé avec des manouches à bord », ça remonterait, en fait, à début décembre. Un enfant a aperçu un homme sortant de la poste avec une cicatrice sur la main gauche, montant dans une Mercedes verte. En réalité, l'enfant passait une interrogation écrite au collège à cette heure-là : il n'y avait ni Mercedes ni cicatrice. Au moindre fil, les gendarmes lancent des vérifications, convocations, auditions, écoutes, contrôles qui s'accumulent en dossiers et sous-dossiers.

D'autres, en revanche, n'ont rien remarqué du tout. Des parents sont passés quatre fois à pied près de la poste : aucun souvenir. Pas plus que la serveuse du PMU, les distributeurs de journaux, les chauffeurs de car, les éboueurs, le curé – qui a célébré la messe au presbytère de 8 h 30 à 9 heures devant six fidèles – ou le vieil Italien qui va nourrir les poules vers la statue de la Vierge blanche. Même la Petite, dernier témoin à avoir vu sa mère vivante, n'a rien remarqué en partant prendre le car scolaire.

À l'heure du meurtre, une voisine s'était garée sur le trottoir de l'agence, le temps de poster une lettre dans la grosse boîte jaune à l'extérieur. Elle avait lancé un coup d'œil par la fenêtre allumée. « Ce que j'ai vu ? Je n'arrête pas de me le demander. Pour moi, c'était comme d'habitude. » Elle en pleurerait d'impuissance, de dépit. Et, criant presque : « Mais à ce moment-là, on ne pouvait pas savoir qu'il fallait faire attention. » À vrai dire, c'est un grand vide que dessinent les six cents témoins entendus. Comme si l'assassin s'était fondu dans le paysage.

13

Dans la vallée, on ne voit plus que des militaires et des gyrophares, impossible d'échapper au climat obsédant du crime. Tintin, Rambouille et Thomassin eux-mêmes sont comme tout le monde, hantés par l'affaire. Aucun des trois n'aurait envisagé de rater l'enterrement. « J'irai, avait annoncé Tintin, son visage enfantin et joyeux soudain figé en une expression martiale. Petit déjà, je la connaissais. Ici, on sait ce que le respect veut dire, merde ! » Thomassin avait suivi, au nom de la « solidarité villageoise », et Rambouille ne s'était pas fait prier. Les préparatifs les avaient absorbés des jours. Tintin s'était démené pour exhumer des habits de deuil au fond du placard de son père et ils avaient passé des heures dans la salle de bains, en essayages minutieux. La seule cravate dénichée les avait beaucoup occupés. Fallait-il la mettre ? Et si oui, qui ? Devant les disputes, l'idée avait été abandonnée. Un rationnement des canettes avait été décidé pour ce jour-là : pas plus d'une, avait décrété Thomassin. Bon, d'accord, deux.

Devant l'église, ils s'étaient promenés au milieu de la foule. Puis, assez vite, Thomassin était reparti chez lui, il avait mal au dos et n'appréciait pas « le discours du prêtre », diffusé par les haut-parleurs.

La semaine suivante, ou bien celle d'après, ils se sont installés devant un petit verre de blanc ordinaire à soixante-dix centimes chez Fred, au tabac-PMU. Au-dessus de leurs têtes, un écran psalmodie les résultats du Loto et Tintin s'emballe sur le châtiment qu'il réserve au « salopard qui a fait ça ». Il l'attachera à un arbre dans la forêt, entièrement nu. Il sait lequel, un chêne monumental, vers la cabane des chasseurs. Des bouts de carotte seront calés entre ses orteils et au niveau du sexe pour attirer les sangliers, qui le dévoreront. Génial, non ? Dans la vallée, Tintin se révèle un des plus acharnés à découvrir l'assassin. L'idée le transporte. Comme à tous les habitants, ceux de la brigade lui avaient glissé : « Si t'entends parler de quelque chose, tu nous appelles... » Il s'était rengorgé, en se tapant la poitrine : « Comptez sur moi, Tintin détective, made in Montréal-la-Cluse. » Ce jour-là, il s'était presque senti un héros.

Les trois discutent longuement autour d'une nouvelle tournée. Puis vient le moment où Rambouille se tourne à demi vers Thomassin, c'est devenu une habitude. « Ce serait pas toi ? » Ses lèvres ont à peine bougé, mais ses yeux ne le lâchent pas. Tintin se marre et Thomassin grogne. « Tu dois au moins avoir vu quelque chose », relance Rambouille. Il jubile de voir « la pionne » perdre sa belle humeur. « La pionne », c'est le surnom qu'il donne à Thomassin quand il a le dos tourné. « Moi, je vis à Montréal depuis huit ans, il ne s'est jamais rien passé. Toi, tu débarques, y a un meurtre en face de chez toi. » Thomassin s'énerve : « Tu me présenteras tes excuses si je suis innocent ? » Depuis le crime, Rambouille s'est mis à surveiller l'acteur, discrètement, c'est plus fort que lui.

Plus tard, dans la nuit, quand Rambouille et Tintin reprennent le chemin des HLM verts, c'est encore du meurtre qu'ils parlent.

Dans le noir de la chambre à coucher, soir après soir, se rejoue entre eux une sorte de procès. « Pour moi, c'est Gérald, en tout cas à cinquante-cinquante. Il ferait tout pour avoir sa bière », entame Rambouille, sur son matelas. À nouveau, il ressasse les détails, en cherche d'autres, les tricote entre eux : le fameux couteau, les violences contre Corinne, le fait d'avoir quitté l'enterrement… Tintin, lui, n'y croit pas : « Avec l'alcool, on peut commettre des choses inhabituelles. Là, c'était le matin, il n'avait pas bu. D'ailleurs, Gérald n'a pas un sou de plus dans les poches, même toi tu le dis. »

Rambouille s'agace de l'entendre soutenir l'acteur. « Mais il est dingue, tous les médecins te le diront. » En deux ans à Montréal, Thomassin a fait dix séjours à la Chamoise, le centre psychothérapique de Bourg-en-Bresse, dont deux pour tentative de suicide, aux pires périodes de sa rupture avec Corinne. Il le raconte à tout le monde. « On dirait qu'il s'en vante », reprend Rambouille. Lui préférerait se faire couper la langue plutôt qu'avouer « un séjour chez les tarés », si ça devait lui arriver. La voix de Tintin tranche, rigolarde : « Gérald ? Arrête, c'est une crème. »

Plusieurs fois, ils ont essayé de faire parler l'acteur, histoire d'en avoir le cœur net, se cotisant pour lui payer une bouteille de whisky chez l'épicier turc, qui ne faisait pas encore ramadan et vendait de l'alcool. Même ivre, Thomassin ne leur a jamais rien avoué.

« Si tu le défends, c'est peut-être que tu es pédé », reprend Rambouille. Puis plus fort : « Ou alors toi aussi tu y es pour quelque chose. » S'il n'avait pas la flemme de se lever, il irait allumer la lumière, rien que pour voir la tête de Tintin. Dans l'obscurité de la chambre, gargouille une rediffusion d'*Inspecteur Derrick*.

14

Dans la bande de copines, Anne Forêt n'y a pas pensé tout de suite. Il a fallu que les autres le lui fassent remarquer. Que se serait-il passé si elle s'était retrouvée en face de l'assassin à la petite poste, elle qui arrivait toujours la première pour la cérémonie du café ? L'heure du crime était pour ainsi dire son heure à elle, entre 8 h 30 et 9 heures. Et alors, qu'aurait fait le tueur en les voyant toutes les deux ? Catherine Burgod serait-elle vivante ? Ou bien Anne Forêt serait-elle morte, elle aussi ?

L'ébéniste et la secrétaire médicale étaient déjà devant la porte de l'agence au moment où Anne Forêt avait voulu y entrer. Ils avaient essayé de l'en empêcher : « N'y allez pas, il y a du sang partout. » Anne Forêt n'est pas le genre de femme à se laisser intimider. Sa première pensée avait été : une fausse couche, sans doute. Elle s'était précipitée à travers le bureau en criant : « Kathy, c'est moi, je peux t'aider ? » La pièce s'est imprimée dans son esprit : du sang partout, mais le reste parfaitement en ordre, pas un prospectus ni un tampon n'avait volé sur les bureaux, pas une tasse à café renversée, comme si l'assassin s'était déplacé en un lieu familier. Son amie devait le connaître, elle avait dû le laisser approcher, puisque rien ne laissait deviner une poursuite ou une bagarre. Catherine Burgod était une grande femme, bien plantée, elle avait tenté de se défendre, des entailles sur ses bras le prouvaient. Et lui ? Il avait dû apporter le couteau puisque la poste n'en possédait aucun. En sortant, il avait forcément du sang sur lui. Pourtant, personne ne l'avait remarqué. Le crime parlait à la fois de déchaînement et de sang-froid.

Sur la table de la salle de repos, où Anne Forêt s'était accoudée des matinées entières, un objet l'avait frappée : le sac de sport noir, siglé Gilbert, portant des traces d'ADN. Elle s'offusquerait presque quand on lui demande s'il appartenait à Catherine Burgod, comme si cette possibilité venait souiller sa mémoire. « Un truc pareil ? Ce n'était pas son style du tout. Kathy avait des dizaines de paires de chaussures, élégantes ou excentriques, mais certainement pas de baskets. » Elle ne faisait pas de sport. Ses enfants ne pratiquaient pas le rugby. Ce sac, personne ne l'avait jamais vu dans ses affaires, ni à la poste.

De son côté, la Petite était tout aussi formelle : le sac n'était pas sur la table quand elle était partie prendre le car scolaire. Elle ne le connaissait pas. L'inconnu était-il venu avec, pour dissimuler le couteau ou le butin, et l'avait-il oublié ? Cela pourrait être une de ses seules erreurs, s'était dit Anne Forêt. Des heures entières, elle assemble ces éléments comme les pièces d'un puzzle. Mais il y en a toujours une qui refuse de s'emboîter et plus rien ne colle, le dessin lui échappe. En sortant sur sa terrasse, elle voit la petite agence, fermée maintenant, avec sa boîte jaune contre le mur. Elle n'arrive plus à s'en approcher. Même pour poster ses lettres, elle prend la voiture jusqu'au grand bureau, dans la partie neuve du bourg.

De tout cela, Anne Forêt s'est longuement ouverte aux gendarmes. Ils l'ont laissée finir ses raisonnements, avant de lui dire, très gentiment : « Il faut se calmer, madame. Ce n'est pas vous qui faites l'enquête. C'est nous. »

15

Plusieurs fois par semaine, les gendarmes ont pris l'habitude de passer aux nouvelles chez Raymond Burgod, dans le vieux village. Ils le trouvent rarement seul. Sa cuisine a été surnommée « le QG », il y a toujours un visiteur, journaliste, voisin, collègue. En arrivant, l'un ou l'autre lui glissent parfois : « Si tu as un tuyau, on s'en occupe : on lui casse la gueule d'abord, on le livre ensuite. » L'ancien secrétaire de mairie est réputé avoir du réseau. Au moindre bruit, il le saura. Burgod s'est déjà déplacé deux fois à la brigade pour livrer ses soupçons sur un client de la poste mal luné dont sa fille s'était plainte ou un jeune homme des HLM verts, qu'il avait fait interner d'office en hôpital psychiatrique.

Au QG, la sécurité fait partie des conversations les plus animées. Les enquêteurs ont vite compris pourquoi : l'agence n'en possédait aucune. Pas de vitre de protection entre l'employée et les clients, pas de caméra de surveillance, le bourg n'en comptait d'ailleurs pas une seule à l'époque. Sous l'un des bureaux, se dissimulait une sonnette antiagression. Une fois, la fille de Catherine Burgod avait appuyé dessus, pour jouer.

On l'avait sermonnée. En réalité, le bouton n'avait jamais été connecté au centre de sécurité. L'unique système d'alarme se branchait et se débranchait près de la porte d'entrée. Derrière, dans la pièce de repos, une fenêtre ouvrait sur une courette intérieure, qui aurait pu servir de sortie de secours, mais des barreaux avaient été ajoutés contre les intrusions. Bref, une souricière, où les convoyeurs de fonds ne s'attardaient jamais plus de cinq minutes. La consigne était claire, répétée en refrain : « En cas de braquage, ne prenez aucun risque, donnez tout. » Catherine Burgod n'imaginait pas les choses autrement. Elle répondait : « Ne vous inquiétez pas, je donnerai même les timbres. »

Mais tout ça, qui pouvait le savoir ? Qui était au courant que l'employée travaillait seule ? Qui connaissait la présence même du bureau de poupée ? Sans connexion directe au réseau bancaire, l'agence n'était pas référencée, ni indiquée sur les plans municipaux. Elle comptait une quinzaine de clients par jour, seuls deux panonceaux sur la façade la signalaient, de façon si discrète que le patron régional de la Poste n'en avait appris l'existence que le matin du crime.

Au village, la rumeur n'a pas tardé à se répandre. L'assassin est forcément un habitant du coin, « l'un d'entre nous à qui on dit bonjour le matin, estime une commerçante. Il n'y a que les personnes âgées à ne plus être suspectes. Chacun se fait des films et laisse travailler son imagination selon ce qu'il se figure ». Peu à peu, dans cette paisible communauté villageoise, la méfiance entre voisins s'est installée, les anciens se sont remis à raconter la guerre, « le seul épisode comparable », dit l'un.

Une fois le jour tombé, les villages se vident. Les femmes ne veulent plus assurer seules la fermeture des magasins. Elles ne veulent plus recevoir de clients en tête à tête dans leur bureau. Elles ne veulent plus faire leurs courses à Carrefour passé une certaine heure. Elles veulent quitter le travail au plus tôt, rentrer chez elles et fermer la porte à clé.

16

Deux dames poussent la grille du cimetière, toutes deux d'un certain âge même si l'une paraît plus jeune. Il fait un soleil inattendu pour cette fin janvier, claquant dans le bleu dur du ciel. La neige a fondu, un paysage comme neuf. Bref, « un temps à aller au cimetière », s'était enthousiasmée l'une en téléphonant à l'autre. Elle lui avait proposé de se rendre sur la tombe de leurs parents et – pourquoi pas ? – de passer voir celle de Catherine Burgod. Beaucoup de voisins l'ont déjà fait. Près d'un mois après les obsèques, il est temps de la visiter.

Elles n'ont aucun mal à la trouver : la plaque de marbre disparaît sous les couronnes et les petits mots. À côté, elles ne distinguent d'abord qu'une ombre contre le soleil. Ça se précise quand elles s'approchent. Un homme est assis sur une tombe voisine, de dos. Il semble très abattu. Elles l'évitent d'abord, par discrétion, se faufilant dans l'allée comme des petites souris pour ne pas troubler sa peine. L'une, la plus jeune, est convaincue que ce n'est pas le Futur Ex. Elle le connaît, il ne ressemble pas à celui-là. Ce doit être le Nouveau, qui n'est pas du village, mais dont elles ont entendu parler.

Toutes deux descendent jusqu'aux tombes de leurs familles, quelques rangées plus bas. Quand elles remontent, l'autre n'a pas bougé, une statue de pierre. « Regarde, on va aller lui dire que nous aussi on a beaucoup de chagrin », propose la plus jeune. La plus âgée se lance : elle aimait beaucoup Kathy, elle la côtoyait au travail. L'homme se redresse. Pas grand, maigre, cheveux bruns courts, lunettes de soleil. Il les relève. « Il pleure. Ou bien il a pleuré », se dit la plus jeune. Dans sa main gantée de cuir noir, il tient une canette de bière, où le soleil ricoche en éclats irisés sur le métal.

Il se met à leur parler ou plutôt à dévider sa vie. Il a traversé des « choses hard », avant de venir se mettre au calme ici, à Montréal-la-Cluse. Enfant, il habitait une cité près de Paris, dans le 9-3. Il a passé douze ans à la Ddass, puis est devenu toxicomane. Sur ce sujet, il est intarissable : son premier trait de cocaïne sur un tournage au Canada en 1992, sa première injection d'héroïne à Lisbonne, ses séjours en hôpital psychiatrique, ses cures pour tenter d'arrêter les drogues, son hépatite C. S'ensuit une véritable thèse en pharmacie sur les médicaments qu'il prend, effets secondaires compris et réactions de ses veines selon la manière de se piquer. Puis il parle de sa mère, « une passeuse internationale de cocaïne, qui en a transporté pour plus de huit millions de dollars avant de se faire arrêter ». De temps en temps, il s'interrompt pour boire une gorgée de bière. Tout cela est raconté avec tant de naturel qu'aucune des dames ne songe à s'étonner, comme si elles connaissaient depuis toujours cet inconnu croisé dans un cimetière. La plus jeune le trouve même attendrissant, s'exprimant bien, pas agressif du tout. Quand il leur annonce que son sevrage a finalement réussi et qu'il ne tourne plus qu'au Subutex, elle relance poliment : « Ah bon ?

Ça sert à ça, le Subutex ? Je croyais que c'était un traitement contre le sida. »

Elles se souviennent de la passion avec laquelle il s'est mis à parler de cinéma. Il est acteur. Il a tourné avec Thierry Lhermitte et Gaspard Ulliel. Ça dure plus d'une heure. Elles l'écoutent, passant d'un pied sur l'autre. L'une ne peut réprimer une sorte de pitié : « Un beau gars malgré la déchéance. Il avait de l'avenir. » Il donne son nom : Gérald Thomassin. Ça ne leur dit rien.

Il a déjà changé de sujet : le voilà qui explique avoir un fils de quinze ans. Il aurait voulu le voir grandir, mais sa compagne d'alors l'a quitté avant la naissance. Il y a dix ans encore, en 1999, il lui écrivait : « Je n'ai jamais cessé de t'aimer, peut-être un peu moins qu'avant, je ne sais plus. J'aurai un film à Cannes et un tournage en studio. Je vis, je survis à la vie. Tout va bien. »

La discussion prend un tout autre tour quand il évoque l'affaire de la poste. Sur la tombe de Catherine Burgod, il entreprend de jouer la scène du meurtre : il fait le geste d'attraper quelqu'un par-derrière, l'encerclant d'un bras et lui plaçant, de l'autre, un couteau sous la gorge. En même temps, il commente : « L'assassin l'a forcée à ouvrir le coffre. Les trois mille euros, il les a pris dans la main. » Ensuite, il simule plusieurs coups de couteau dans le corps.

« Mais Kathy a sans doute trop parlé, ou dit quelque chose qu'il ne fallait pas. C'est pour ça qu'elle est morte, qu'il l'a tuée. »

La plus âgée demande : « Qu'est-ce qu'elle aurait pu dire qui mérite la mort ? »

Lui continue de se démener, sans se laisser interrompre. « Il aurait suffi de l'attacher et de partir, c'était simple. Un professionnel n'agit pas comme ça, il ne l'aurait pas tuée. »

La plus âgée, à nouveau : « Peut-être qu'elle a reconnu son agresseur. » Lui l'arrête, d'un geste docte. « Un professionnel, en tout cas, aurait mis une cagoule. »

Le soleil commence à tomber derrière les sapins. Un vent aigre s'est levé. Elles sont moins rassurées, tout à coup. Aucune ne dit plus mot. Le charmant est devenu bizarre.

Elles remontent vers la grille du cimetière, lui sur leurs talons. Avant de les quitter, il les remercie : « Ça m'a fait du bien de parler avec vous. Heureuse année 2009. » Quand il s'éloigne vers l'église, elles le suivent des yeux, soulagées de le voir partir. Une dernière fois, il se retourne vers elles, et lentement pose sur ses lèvres un doigt ganté de noir comme pour signifier : « Pas un mot. » Une inquiétude les étreint soudain. Elles prennent garde d'emprunter un autre chemin que lui. Est-ce la plus jeune ou la plus âgée qui l'a dit la première ? Toutes deux l'ont pensé en même temps : « Et si on avait trouvé l'assassin ? »

En arrivant chez elle, la plus âgée appelle son fils, qui appelle le maire, qui appelle la brigade. « Nous trouvant dans les locaux de la gendarmerie, nous recevons un appel téléphonique du maire de Montréal-la-Cluse. Ce dernier nous indique qu'il a reçu le témoignage d'une femme, ayant vu au cimetière un homme assis et pleurant sur la tombe de Catherine Burgod. Le maire précise que l'homme a donné des détails sur l'agression dont Catherine a été victime, il raconte qu'elle est morte pour 3 000 euros et parce qu'elle a trop parlé. »

Les deux dames sont convoquées. La plus jeune a la nette impression que leur histoire n'intéresse pas vraiment. Une gradée n'arrête pas de les relancer sur le Futur Ex : le connaissent-elles ? Quelque chose de particulier à dire sur lui ? La piste du crime passionnel n'a pas encore capoté alors, elle concentre les énergies, tout le monde veut y croire. De fait, ça ne travaille plus que là-dessus à ce moment-là. Le reste, on verra ensuite, ou pas du tout.

Quelques jours après, quand le Futur Ex est finalement mis hors de cause, leur témoignage change de dimension. Désormais baptisées « les deux dames du cimetière » dans le dossier, elles vont devenir un des principaux éléments à charge contre l'acteur, repris de rapport en réquisitoire : « l'ensemble des propos tenus par cet individu identifié comme étant Thomassin Gérald présente certains éléments troublants, dont aucun article de presse n'a fait état », détaille, le premier, un officier de police judiciaire fin janvier 2009.

Presque en même temps, arrive un autre témoignage, d'un employé de la grande poste cette fois. Dans la salle d'attente, l'acteur, le même homme, « s'est mis à parler du meurtre, comme ça, tout seul. Il a expliqué habiter juste en face de l'agence, avec un sourire inquiétant, comme s'il nous narguait ».

Certains préposés renâclent à servir au guichet. « Je finis par douter de plein de gens, confie l'un. Surtout les étrangers et ceux qui ne sont pas du coin. Pour peu que les clients aient une allure marginale, j'ai peur. Nous n'attendons qu'une chose : des arrestations. À ce qu'on nous a dit, ça ne va pas tarder. »

17

Depuis plusieurs jours, les enquêteurs encerclent la « maison des catastrophes », en face de la petite poste. Quelques curieux tournent autour des barrières métalliques qui empêchent l'accès à l'immeuble et à ses quatre appartements. Un voisin, ancien gendarme, jubile : « Pas la peine de chercher, le nid à rats est là. » Depuis le crime, il est tellement remonté que ses collègues l'ont convoqué pour le calmer.

Le 6 février 2009, des spécialistes débarquent chez Thomassin, empaquetés dans des blouses blanches à capuche, charlottes et surchaussures, le chef du département scientifique en tête. Les volets de la Grotte ont été fermés pour mieux observer la réaction du Bluestar. L'opération commence à peine que de longues traînées d'un bleu surnaturel se dessinent déjà sur le verrou de l'entrée, dans la cuisine, dans la salle de bains, sur la machine à laver, les toilettes ou sous une paire de bottes. D'autres traces phosphorescentes continuent dans le hall de l'immeuble, autour de l'escalier commun. « Un jeu de piste macabre », s'émeut un spécialiste. Thomassin pense déjà au coup de téléphone qu'il donnera à Corinne pour lui raconter la scène : « Tu verrais, c'est comme dans la série *Les Experts*, pscht pscht avec un spray. Et tac, tout apparaît. »

À cet afflux d'hémoglobine, l'acteur donne tout de suite une explication : en octobre 2008, deux mois avant le meurtre, il s'était blessé un soir en se taillant un sandwich. Tendon du petit doigt sectionné, trois jours d'hospitalisation à Lyon. « Mais mon taux d'alcoolémie était de 3,94. Vu mon état alors, je ne peux vous apporter d'autres détails. »

À l'étage au-dessus, des voisins confirment : François et Françoise, ouvrier et ouvrière, l'ont bien conduit aux urgences cette nuit-là. Eux habitent l'immeuble depuis les années 90, « du temps où il avait encore sa renommée ». Ils étaient fiers d'y vivre à l'époque, « on se sentait un peu chez les seigneurs ». L'immeuble s'appelait alors la maison Hugonnet, du nom des propriétaires, un ancien fleuron du vieux village qui avait fait hôtel, station-service, tabac, bonbons, restaurant.

Les Hugonnet avaient été parmi les premiers à lâcher la charrue pour le plastique à Montréal. En un été, à la fin des années 50, ils avaient vendu les bêtes pour mettre dans l'étable des presses à injecter. Le mot qui convient pour parler du Haut-Bugey d'alors, c'est le Far West. D'Oyonnax à Nantua, toute une vallée s'était donnée au plastique, sans retenue, à la folie. « Ailleurs, ils ont connu la ruée vers l'or. Pourquoi nous n'aurions pas la ruée vers le plastique ? » s'enflammait un élu à l'époque. Le club de rugby local avait proposé l'élection d'une Miss Plastique et le département exigeait un nouveau nom pour la ville-préfecture : « Oyonnax-les-Plastiques ». Quand le Conseil d'État avait refusé, on avait parlé de descendre dans la rue. Les patrons s'arrachaient les ouvriers, les fermes désertées manquaient de bras. « On en bavait des onze heures par jour à tirer le manche des presses, mais c'était toujours moins dur que les champs et autrement mieux payé, se souvient un retraité. On avait l'impression de participer à quelque chose de grand. » Rien qu'à Montréal-la-Cluse, seize familles avaient installé une presse ou deux chez elles, des ateliers sauvages, parfois au milieu de la salle à manger. Dans la chaleur du plastique en fusion, les hommes se font tout pâles, ils ne sortent ni ne dorment plus. Les presses ne doivent jamais s'éteindre : le temps qu'ils mangent, leur femme prend le relais, puis la belle-mère quand la femme ne tient plus. Certains finissent par s'endormir sur la bécane. Rien n'est automatisé, il y a des doigts et des mains broyés. En quinze ans à peine, un monde avait avalé l'autre, l'usine contre la terre.

Enfant, Françoise ne se voyait pas ouvrière. « Mais est-ce qu'on choisit ? Et est-ce qu'on est si malheureux ? » Dans sa boîte, le nouveau règlement interdit le parfum et les bijoux, mais elle s'est battue pour garder son alliance, sa seule revendication en trente ans de chaîne. François et elle avaient sympathisé avec Thomassin quand il avait emménagé à la Grotte. Au nouvel an, ils lui avaient offert le champagne, « du rosé quand même ». L'acteur venait de recevoir un scénario. Il était censé sortir nu d'une fontaine, un rôle de gangster, payé six mille euros pour trois jours, croit se souvenir Françoise. Le voir faire la fine bouche l'avait scandalisée : « Raconte-moi où il faut se présenter. Même pour la moitié de la paie, je le fais. Nous, il nous faut plus de trois mois pour toucher ça. » Ses bonnes joues roses, sa frange raide et courte, la même sans doute que sur les photos de classe jadis, tout en elle tremble encore d'indignation.

À son tour, Thomassin lui avait demandé : « Et chez toi, y aurait pas du travail pour moi ? » Un flot de sympathie consternée l'avait brusquement radoucie. « Tu n'y arriveras jamais, ça va trop vite pour toi. » Elle s'était mise à le plaindre. « Comment il a pu se laisser aller comme ça ? »

Dans la Grotte, les investigations continuent. Sans qu'on lui demande rien, Thomassin fourrage dans le sac-banane à sa ceinture. Il en extrait son cran d'arrêt, gravé d'un « Gérald », et le tend aux enquêteurs. C'est avec ça qu'il s'était blessé au doigt en octobre. Et le voilà qui raconte son dernier film, notamment la scène où il oblige un agent immobilier à ouvrir un coffre. Lui tenait à la faire avec une vraie lame, celle-là en particulier. « J'ai besoin que les choses soient réelles pour jouer », explique Thomassin, s'adressant gravement aux experts, comme à un collège de critiques émérites. Au début, l'équipe ne voulait pas en entendre parler. On voyait Thomassin écluser des canettes sur le tournage depuis des jours, il avait fallu parlementer. Les gendarmes saisissent le couteau. « J'espère que vous me le rendrez, j'y tiens beaucoup », insiste Thomassin.

Après la perquisition, la « maison des catastrophes » s'est vidée en quelques jours. François et Françoise, au premier étage, ont été les premiers à déménager. « L'endroit est maudit », ils disent. Au deuxième, des cousines qui cohabitaient sont retournées en Alsace. Elles aussi avaient été longuement placées en garde à vue, à cause du fiancé de l'une d'elles, en délicatesse avec la justice dans une autre affaire. « Les gens nous regardaient différemment, j'avais l'impression d'avoir quelque chose à me reprocher, racontera l'une, des années plus tard. À l'époque, il nous arrivait de travailler par le biais d'agences d'intérim, mais plus personne ne nous appelait. Il fallait partir. »

Au vieux village, des voisins ont assisté aux opérations. Dans un air saturé de rumeurs, une nouvelle vague de témoignages arrive à la brigade. « Plusieurs habitants nous déclarent spontanément que Tintin et Thomassin auraient pu faire le coup, car ce sont des toxicomanes et tous deux résident à proximité de l'agence postale », détaille une note. L'un d'eux aurait tourné « dans des films de diable ».

Thomassin et Tintin sont placés en garde à vue le 4 mars 2009. « Thomassin ne fournira aucun élément probant quant à sa participation ou sa connaissance de l'auteur du meurtre. Entendu à 6 reprises, celui-ci donne des explications troublantes à la fois sur la motivation de l'auteur dans ce crime (somme d'argent, auteur reconnu par la victime...), mais également sur le déroulement même de l'agression », détaille un rapport après les interrogatoires. « Est-il possible d'accumuler tant de coïncidences ? De plus, son comportement les jours suivant les faits demeure lui aussi troublant, allant jusqu'à se confier à deux inconnues sur la tombe de Mme Burgod. »

En parallèle, les expertises sont revenues des labos : toutes sont négatives. Le sang trouvé à la Grotte est exclusivement celui de Thomassin, validant sa version d'une blessure à la main deux mois avant le meurtre. Les écoutes n'ont rien donné, les analyses génétiques non plus : l'ADN retrouvé à la poste ne matche ni avec celui de Tintin, ni avec celui de Thomassin.

Le rapport conclut : « Invoquant constamment le hasard dans les hypothèses qu'il avance, Thomassin ne laissera toutefois aux enquêteurs aucun élément permettant de l'impliquer formellement. Nous n'avons pu obtenir d'aveux de sa part. »

Les deux hommes repartent libres.

18

En sortant de garde à vue, Thomassin ne voit d'autre endroit où se réfugier que chez Bernard Bonaventure. Il y avait déjà atterri en arrivant à Montréal-la-Cluse, deux ans plus tôt : Nanard était même la raison de sa venue au village. Envoyer l'acteur se refaire une santé dans les montagnes du Haut-Bugey, c'était l'idée de deux frères, Philippe et Bernard Bonaventure. Ils doivent être les plus vieux amis de Thomassin, les seuls peut-être. Entre eux, l'histoire remonte à loin, au foyer d'aide à l'enfance. « Gosses de la Ddass », disent-ils pour se présenter aujourd'hui encore, même si l'institution a été rebaptisée depuis longtemps. Certains noms restent gravés comme des tatouages.

Thomassin a quatorze ans quand il est placé dans un foyer en Seine-et-Marne, où vivent déjà les frères Bonaventure. Les adolescents sont regroupés par équipes de six, la sienne se nomme Delta. Chacun bataille pour tailler sa place. Fatalement, il y a celui qui écrase les autres : lui c'est Conan, un bloc de force pure.

Milou est le plus faible. Son sort s'est décidé à la minute où la chambrée l'a vu arriver, l'air d'en avoir bavé, éreinté, déjà cassé. Quelqu'un a levé la main sur lui, comme ça, pour rigoler.

Milou a bondi en arrière sans même être touché. « Victime », a tranché l'assistance. Tout de suite, Milou n'est plus traité comme les autres. Il est frappé et insulté. Conan le viole. Aujourd'hui, Milou est marié à une femme venue d'Afrique et converti en témoin de Jéhovah. « Il s'est bien débrouillé », se sont étonnés quelques anciens, presque incrédules. En sortant des foyers, beaucoup ont connu la rue, la prison. D'autres sont morts ou disparus. Les statistiques sont glaçantes sur les destins des enfants de la Ddass.

Thomassin joue les caïds, notent ses éducateurs. Il vient des quartiers autour de Paris, Pantin, La Courneuve, petit Blanc de cité efflanqué, cultivant le style « Je suis un redoutable bandit ». Effrayer fait partie de la panoplie de survie. À Delta, il ne terrifie pas grand monde : les autres le considèrent davantage comme un « faux bagarreur », qui s'abrite sous la protection de plus forts, les frères Bonaventure, en l'occurrence. Fumer des joints ou voler dans les voitures fait partie des occupations. « C'était un petit voyou, comme nous tous d'ailleurs, même si à l'époque on se prenait pour des gangsters, raconte Hibou, un des six du groupe. Pour nous, la vie c'était ça, on n'en connaissait pas d'autre. » Le père de Hibou était fonctionnaire et alcoolique. Tout de suite, il ajoute : « Je ne me plains pas. » Ne pas se montrer faible. Ne pas dévoiler de faille. On ne s'affranchit jamais des codes du foyer.

La mère de Thomassin ne se présentait pas aux rendez-vous fixés par les éducateurs. Elle débarquait à sa guise, pour faire scandale en général, rendant cinglés les services sociaux. Elle avait quelque chose d'extravagant : une femme séduisante, d'une intelligence fine, qui avait occupé un poste haut placé chez un constructeur automobile. Ses cheveux bruns très courts, ses vestiges de grande bourgeoise surnageant au milieu de sa déglingue, sa taille minuscule et sa manière d'en parler (« Je mesure un mètre cinquante-six et demi », dit-elle, insistant drôlement sur le « et demi ») : Thomassin est fou d'elle, à la fois d'amour et de honte. Elle promet régulièrement de commencer une cure. Elle ira jusqu'au bout cette fois, c'est juré. Le frigo sera plein, et pas seulement de mouches et de bouteilles vides. Elle ne hurlera plus quand il n'y aura rien à boire. Elle ne laissera plus tomber ses cigarettes pour éviter de mettre le feu à l'appartement, une fois encore. Gérald reviendra vivre avec elle. Un jour, elle lui a montré un roman sentimental avec une rose séchée glissée entre les pages, un cadeau de son père à elle. Elle avait basculé à sa mort.

Au foyer, Philippe Bonaventure partage la même passion que Thomassin : le Cyrano. C'est le cinéma à côté. Pour eux, il serait inconcevable de prendre des places pour *Jean de Florette* ou une rétrospective Truffaut. À Delta, ils seraient jugés « moralement faibles », voire « des victimes ». Les films de baston, ou mieux encore de gangsters, les Rocky et les Belmondo sont les seuls qu'ils peuvent s'autoriser. Bonaventure idolâtre Belmondo. Les grands soirs, il l'imite dans la chambre, on le surnomme Bébel, comme le comédien. Thomassin et lui finissent par sympathiser avec le projectionniste du Cyrano.

Thomassin lui demande une formation pour tous les deux, il est futé pour ces choses-là. Sa mère lui a légué sa jolie petite bouille, ses manières délicates. Les adultes fondent devant lui. Personne ne s'attend à voir un gosse de la Ddass aussi charmant, vu l'image que se trimballent les foyers. Thomassin aurait préféré être barman. Ou mieux, s'il fallait rêver plus haut, devenir un « parrain » de la drogue, comme Al Pacino dans *Scarface*. La Mafia occupe la place centrale au panthéon des Delta. En attendant, va pour le Cyrano. Au moins, ils verront des films gratuitement et ils auront des affiches pour décorer leur chambre.

C'est l'été 1989, le même où débute le casting du *Petit Criminel*, le road-movie d'un gamin paumé qui fait un braquage pour retrouver une demi-sœur inconnue. Jacques Doillon, le réalisateur, ne veut pas d'un « petit bourgeois parisien qui jouerait les prolos ». Il estime qu'on ne triche pas là-dessus, pas lui en tout cas. Ça l'excite, aussi, de tourner avec des gens différents. À l'époque, la fiction s'ouvre au documentaire, on cherche du réel, des gueules sorties de la vie – pas du Conservatoire –, des ouvriers pour jouer les ouvriers, des paysans pour jouer les paysans, des misérables pour jouer les misérables. Les castings sauvages se multiplient dans les rues, les écoles, n'importe où. Doillon s'est mis en tête de trouver son « Petit Criminel » dans les centres pour mineurs de la région parisienne. Pour ces bouts d'essais, les candidats ne doivent pas jouer une scène, mais se raconter, une manière aussi de nourrir le scénario.

Au foyer, un éducateur propose de présenter Thomassin à l'équipe. D'ailleurs, il n'en voit pas d'autre. On court chercher le gamin, qui tire franchement la gueule d'avoir été interrompu dans un jeu entre copains. Il va sur ses seize ans, l'air d'en avoir douze. Un casting ? Le mot lui est inconnu, il croit à un examen médical. Il finit par se décider, en apprenant que le studio pour les essais se trouve sur les Champs-Élysées. Voilà qui est bien plus excitant.

Ce jour-là, Pierre Amzallag, directeur de casting, est derrière la caméra. « Quand je lui posais mes questions, il paraissait parler de lui pour la première fois de sa vie, racontait Amzallag à l'époque. Il ressemblait à un poney sauvage qu'on vient d'attraper au licol. »

La bande existe toujours, elle dure 7 minutes 8 secondes et reste un de ces trophées que les cinéphiles s'échangent entre eux, comme le bout d'essai de Jean-Pierre Léaud pour *Les Quatre Cents Coups* de Truffaut ou l'apparition éclair de Simone Signoret dans *Les Visiteurs du soir*.

PIERRE AMZALLAG. Tu ferais quoi, avec une caméra pareille ?
GÉRALD THOMASSIN. Je ne sais pas, moi. Je filmerais ma petite sœur, quelqu'un comme ça. Je filmerais ma famille ou des copains, quand on irait faire un pique-nique et tout ça.
PIERRE AMZALLAG. Il y a d'autres choses à voler aussi, dans ce bureau, il y a un magnétoscope…

Dans le décor terne du studio, le gamin balaie la pièce du regard, étonné.

GÉRALD THOMASSIN. Ah, j'ai pas vu.
PIERRE AMZALLAG. Je peux te le montrer si tu veux.
GÉRALD THOMASSIN. Non, non.

Ça le fait rire, il se frotte le dos à travers un sweat-shirt trop grand et d'une couleur indéfinissable.

PIERRE AMZALLAG. Tu fais quoi à La Courneuve, alors ?
GÉRALD THOMASSIN. Ben, je suis chez moi, j'habite avec ma mère, du côté de Bobigny.
PIERRE AMZALLAG. Et ton père ?
GÉRALD THOMASSIN. J'ai pas de père, moi. Mon père, il est parti, j'avais deux ans.
PIERRE AMZALLAG. Ta mère sait qui c'est ?

GÉRALD THOMASSIN. Oui, oui, elle a encore des contacts.
PIERRE AMZALLAG. Tu ne l'as jamais revu ?
GÉRALD THOMASSIN. Mon rep ? Non, je ne l'ai pas revu.
PIERRE AMZALLAG. Qu'est-ce que tu lui dirais, imagine, un jour, il débarque, il dit : « Je suis ton père. »
GÉRALD THOMASSIN. Je lui dis bonjour.
PIERRE AMZALLAG. Tu es poli. Tu n'as rien à lui dire ?
GÉRALD THOMASSIN. Je n'ai rien à lui dire, je ne le connais pas, il ne me connaît pas.
PIERRE AMZALLAG. Il te dit : « Ne rentre pas trop tard, lave-toi les mains… »
GÉRALD THOMASSIN. Il n'a rien à me dire du tout, il ne s'est pas occupé de moi.

Le gosse a gonflé les joues, fermé les yeux, froncé les sourcils. Un petit silence s'installe.

PIERRE AMZALLAG. C'est le père de ta sœur, aussi ?
GÉRALD THOMASSIN. Ah, non, ça c'est une autre histoire. C'est ma demi-sœur.
PIERRE AMZALLAG. Et il s'est tiré aussi, le deuxième ?
GÉRALD THOMASSIN. Ah oui, il s'est tiré avec la sœur de ma mère.

La phrase est lancée avec tant de simplicité que c'est le casteur qui est pris de court cette fois. On croit le voir sursauter, invisible derrière sa caméra.

PIERRE AMZALLAG. Ah oui, la sœur de ta mère ? Super bien ! Il était sympa, lui ?

GÉRALD THOMASSIN. Oui, je ne sais pas, je me rappelle plus, j'avais quatre ans.

PIERRE AMZALLAG. Et tu n'as pas une autre demi-sœur ?

GÉRALD THOMASSIN. J'ai eu un petit frère.

PIERRE AMZALLAG. Quand ?

GÉRALD THOMASSIN. Il y a deux ans.

PIERRE AMZALLAG. Et il est encore là ?

GÉRALD THOMASSIN. Non, il est en nourrice.

PIERRE AMZALLAG. Et le père ?

GÉRALD THOMASSIN. Non, le père il vient de temps en temps dire bonjour à ma mère.

PIERRE AMZALLAG. Tu t'entends bien avec ta mère ?

GÉRALD THOMASSIN. Oui.

PIERRE AMZALLAG. Vous faites quoi ?

GÉRALD THOMASSIN. Je n'ai pas le temps de bien, bien, bien m'éclater. Je viens seulement un peu le week-end. Moi, j'aime bien la télé, je vous le dis franchement, je suis toujours devant la télé quand je suis chez moi. Sinon, je vais avec des copains à la gare de l'Est.

PIERRE AMZALLAG. Vous faites quoi ?

GÉRALD THOMASSIN. Je vais voir des copains. J'ai été en Seine-et-Marne aussi, j'ai fait sept ans de nourrice là-bas. Quand je reviens en Seine-et-Marne c'est pour voir des copains. Avant, je vous le dis franchement, quand je sortais, des fois, j'allais dépouiller. Je ne fais plus ça.

PIERRE AMZALLAG. Pourquoi tu ne le fais plus ?

GÉRALD THOMASSIN. Parce que je me suis fait placer dans ce foyer par le juge. Maintenant, je ne fais plus de conneries.

PIERRE AMZALLAG. T'arrêtes ?

GÉRALD THOMASSIN. Le juge m'a dit que si je recommençais, ça irait mal pour moi.

PIERRE AMZALLAG. Tu as eu peur du juge, toi ?
GÉRALD THOMASSIN. Non, il a été cool avec moi, mais je veux dire qu'il m'a prévenu, et puis c'était dans mon intérêt.
PIERRE AMZALLAG. Tu risques quoi ?
GÉRALD THOMASSIN. D'aller en pension. Au foyer, c'est déjà plus cool. En sortant, on a la possibilité d'avoir un métier. Moi, je fais un CAP en cuisine et en boulangerie.
PIERRE AMZALLAG. Quand tu es gare de l'Est avec tes potes, ne me dis pas que ça ne te démange pas de dépouiller quelqu'un…
GÉRALD THOMASSIN. Non, non.

Le regard s'est légèrement flouté, le petit semble se demander à quelle catégorie d'adultes s'apparente celui-là : médecin ? magistrat ? éducateur ? Quelle serait la bonne réponse à lui fournir ? Y a-t-il un danger ? Et si oui, lequel ? Il risque un sourire, histoire de désamorcer.

PIERRE AMZALLAG. Tu fais quoi, alors ?
GÉRALD THOMASSIN. Je suis dans le foyer, je suis cool. J'ai des semaines d'école et des semaines où je fais des stages. On se retrouve le midi, on mange. Le soir, c'est pareil. Les copains du foyer non plus ne font plus de conneries. On se laisse pas… comment on dit déjà ? Entraîner ! On se laisse pas entraîner.
PIERRE AMZALLAG. Tu as une copine ?
GÉRALD THOMASSIN. Non
PIERRE AMZALLAG. Pourquoi ?
GÉRALD THOMASSIN. Je dois pas plaire.

Troublé, il rit et se passe la main sur un œil, puis sur le cou, un geste doux de petit enfant qu'il gardera toujours, même bien plus vieux quand son visage sera barré de cicatrices.

PIERRE AMZALLAG. T'es moche ?
GÉRALD THOMASSIN. Oh non, même pas.
PIERRE AMZALLAG. Pourquoi, tu crois que tu es un bon coup ?
GÉRALD THOMASSIN. Non, je ne me vante pas, moi. J'attends.
PIERRE AMZALLAG. Tu attends quoi ?
GÉRALD THOMASSIN. J'attends qu'il y en ait une. Je ne veux pas m'amuser à courir après les meufs, moi. Je veux que les meufs me courent après, sinon ça vaut pas le coup.
PIERRE AMZALLAG. Tu t'en es déjà fait, des meufs ?
GÉRALD THOMASSIN. Ouais, deux. C'est pas beaucoup, mais…
PIERRE AMZALLAG. C'est bien quand même.
GÉRALD THOMASSIN. Elles sont lourdes les meufs.
PIERRE AMZALLAG. Tu t'es déjà fait sauter la tête, bien ?
GÉRALD THOMASSIN. Comment ?
PIERRE AMZALLAG. Genre picoler, fumer…
GÉRALD THOMASSIN. Ça m'est arrivé une fois avec du calvados chez ma nourrice. Il y avait le mari de ma nourrice qui avait laissé du calvados sur la table, j'en ai bu trois tasses à café, après j'ai été me laver et je me souviens plus de rien. Quand je me suis réveillé, j'avais l'arcade sourcilière ouverte et il était 4 heures et demie du soir. Vers la fin, quand j'étais plus trop bourré, j'entendais parler autour de moi.
PIERRE AMZALLAG. Bon, maintenant je vais filmer tes profils. Tourne-toi…

Fin de la bande.

Jacques Doillon tombe en arrêt devant le gamin. Il aime tout chez lui, jusqu'à sa démarche étrange, un peu mécanique. Il chaloupe, on dirait qu'il va tomber. Et puis non, il repart avec une sorte de déhanchement, quelque chose de Charlie Chaplin dans ses chaussures trop grandes, un mélange de grâce et de gaucherie. La différence, c'est que Thomassin marche toujours comme ça, même quand les caméras s'arrêtent. Il a gardé une jambe plus courte que l'autre après avoir été renversé, enfant, par une voiture. Personne n'avait pensé à le conduire à l'hôpital. Ce déséquilibre, c'est exactement ce que recherche Doillon dans ses films.

Pour qu'il puisse jouer dans *Le Petit Criminel*, sa mère signe une autorisation parentale. Elle est émue. Quelqu'un se penche sur le destin de son fils. Le cinéma sera sa bonne fée, elle le voit sauvé, c'est inespéré. En repartant, elle dit à l'équipe : « Moi, vous avez le droit de me juger : je sais que j'ai démissionné. » Un moment, Doillon s'était posé la question de l'embaucher pour son propre rôle, la mère de son fils dans le film. Ça lui avait semblé trop cruel.

La veille du tournage, entre Sète et Montpellier, Thomassin s'enferme dans sa chambre d'hôtel. Il sanglote. L'envie et la peur se bousculent, « comme quand je vais faire une bêtise, tout en sachant que je me ferai engueuler ensuite ». Rencontrer Richard Anconina le terrifie, la grosse vedette alors, dont la participation a permis le financement du film. Doillon aurait voulu qu'il prenne sérieusement quelques cours de théâtre mais le gosse a refusé, la trouille, ça fait trop longtemps qu'il a quitté l'école, si tant est qu'il y soit vraiment allé un jour. À ce stade, personne n'est capable de dire comment il se comportera face à la caméra, alors que le ton et le tempo du film devront venir de lui, justement.

À l'écran, il éclate. *Le Petit Criminel* remporte le prix Louis-Delluc, une mention spéciale du jury à la Berlinale, lui est sacré César du meilleur espoir masculin en 1991. Il avait d'abord refusé d'aller à la cérémonie, persuadé d'être ridicule. Lola Doillon, la fille du réalisateur, une adolescente comme lui, a dû proposer de l'accompagner pour qu'il accepte. Jamais il n'aurait espéré l'avoir à son bras. Quelques pas derrière eux, trotte un éducateur du foyer en smoking de location. Quand le nom de Thomassin est proclamé, il faut retenir l'éducateur, qui manque bondir lui-même sur la scène. On étouffe le gamin d'accolades. Il est Dewaere, il est James Dean, il est Gabin, il est le cinéma. Autour de lui, il n'y a que des gens qu'il voit à la télé. Le lendemain de la cérémonie, Thomassin est arrêté en train de voler dans une grande surface avec d'autres de Delta. Aujourd'hui encore, Doillon est persuadé qu'il voulait prouver à ceux du foyer qu'il restait un des leurs.

Philippe Bonaventure se revoit sur un banc, attendant Thomassin qui passe un casting pour la publicité d'un jean Levi's. Ils ont dix-sept ans maintenant. Quand il est choisi parmi les candidats, ils n'arrivent à y croire ni l'un ni l'autre. Pour eux, de là où ils viennent, tourner avec Levi's c'est bien plus fort qu'avec Doillon, une sorte de divinité. « Tu crois que tu feras un film avec Belmondo un jour ? » risque Bonaventure, sidéré. Lui, plus personne ne pense à l'appeler Bébel.

Au foyer, ils jouent à cache-cache avec le veilleur de nuit. Ils se couchent à l'heure qu'ils veulent, ils ont de quoi manger, un toit sur la tête. Ils se sentent les rois du monde. Des invitations arrivent pour des soirées paillettes ou des propositions de rôles. Thomassin a peur de les ouvrir, trop grand décalage, ça donne le vertige : c'est l'époque où ils fument des mégots ramassés sur le trottoir, Bonaventure et lui.

Thomassin passe des week-ends et des vacances chez Jacques Doillon et Jane Birkin, sa compagne à l'époque. « Leur milieu, leur notoriété paraissent sans importance pour lui. Il aime avoir l'impression d'être dans une famille », relève un rapport de la Ddass. « Petit Criminel ! » hurlent les autres quand il rentre au foyer. À Delta, ils ont l'impression qu'un chromosome supplémentaire lui a été greffé, celui qu'aucun d'entre eux n'a jamais possédé : le chromosome de la chance. « Il donnait l'impression d'avoir été catapulté dans la stratosphère », se souvient un ancien. On le jalouse, même Bonaventure quelquefois.

Quand Thomassin quitte le centre à sa majorité, tout le cinéma français le courtise. Bonaventure continue de l'accompagner à des castings, mais des périodes passent aussi sans qu'ils se voient. Le point d'ancrage, en revanche, n'a jamais lâché. Au fil des ans, Bonaventure trouve qu'il attrape une gueule à faire peur, hâve, bouillie par la drogue et l'alcool.

En 2007, coup de téléphone de Thomassin : il vient de finir *Le Premier Venu* – avec Doillon à nouveau – et lui propose un rendez-vous. Ils ont trente-trois ans tous les deux. Bonaventure est vraiment devenu projectionniste, il a des enfants, un appartement près de Paris joliment décoré, façon New York années 60. « Je mène une vie normale, j'ai tout fait pour ça », il dit. L'acteur lui demande : « Tu peux m'héberger ? »

Bonaventure le connaît trop pour accepter. « Gérald, tu te mets toujours dans l'insécurité, c'est ce que tu connais. Ton histoire, c'est ça. On pourrait en faire dix bouquins. Je peux pas, j'ai une famille. » Mais une idée lui vient. Pourquoi pas Montréal-la-Cluse ? Bonaventure s'y était réfugié une dizaine d'années plus tôt, quand il avait voulu fuir Paris et une rupture amoureuse. Son frère aîné vit là-bas : Bernard, le pilier de la fratrie. Au foyer, Nanard appartenait à la section des Grands, au-dessus de la leur. Il avait une tête à ne pas se laisser emmerder, un colosse qui leur avait souvent sauvé la mise, les protégeant des autres et d'eux-mêmes. Philippe arrive très bien à faire l'article pour Montréal : « Tu verras, c'est un petit bourg, mais qui fascine. Il y a même du boulot, c'est la Plastic Vallée. » Thomassin accepte sans écouter. Il a très certainement besoin de partir pour se décider aussi vite, pense Bonaventure.

À Montréal-la-Cluse, Nanard s'est lui aussi fabriqué une existence. Il habite les HLM verts, marié à une chouette fille du coin. Il a fixé un objectif à sa vie d'homme : ne jamais taper sa femme. La pointeuse et l'école des gamins chronomètrent la vie. Elle rentre de l'usine à 4 heures du matin, lui part à 6 h 45. Leur fils a réussi son CAP de mécanicien, les autres vont bien à l'école. S'il reste du temps, le football le remplit.

En le voyant arriver, Nanard aussi le trouve complètement démoli, respirant la came à plein nez : il en veut à son petit frère de l'avoir embarqué dans cette embrouille. « Arrête, il fait pitié. Épargne-le », lui demande Philippe. Pour sevrer Thomassin, Nanard l'enferme dans un cagibi, afin que ses gamins ne le voient pas se désagréger sous l'effet du manque.

En deux ans, l'acteur est rarement revenu sonner chez Bonaventure. Nanard avait mis ses règles : interdit d'entrer dans l'appartement quand il n'est pas là, interdit de venir bourré, interdit d'amener de la compagnie ou de la dope, interdit de rester plus d'une heure.

De nouveau, ils sont tous les deux dans la cuisine, Nanard qui revient de l'usine et Thomassin de garde à vue. Exceptionnellement,

Nanard a sorti des bières. L'acteur demande : « T'es un bon et pourtant, on était à la Ddass ensemble. Comment tu as fait pour être un vrai papa, alors qu'on ne nous l'a jamais appris ? » Il n'en mène pas large, Nanard lui a toujours fait peur.

Ce dernier le coupe. Il ne se retient pas de lui balancer une claque derrière la tête, comme à l'époque du foyer. « Promets-moi que tu n'y es pour rien dans ce meurtre. »

Thomassin promet. Il pleure.

Nanard : « Je te préviens : si j'apprends que c'est toi, je t'emmène moi-même à la Criminelle. »

19

Quand Raymond Burgod s'est constitué partie civile avec sa famille, un gendarme lui a glissé : « Moi, si j'avais un souci, je prendrais Jacques Frémion pour avocat. Vous ne trouverez pas mieux ici. » Dans l'Ain, Frémion est surnommé « le ténor de Bourg-en-Bresse ». Ou alors Nounours, c'est selon.

Au premier coup d'œil, son cabinet paraît décevant à Burgod, rien de l'apparat qu'il imaginait pour une gloire du barreau local, pas même une escouade de secrétaires. Il n'y en a qu'une, moitié dogue, moitié nurse, et visiblement indétrônable. Elle l'introduit dans le bureau du maître, où des dossiers s'avachissent en piles le long de murs aux couleurs fades. Sur un bout de cheminée, un bougeoir de guingois voisine avec des manuels fatigués. On croirait le repaire d'un étudiant célibataire. Frémion y trône dans un brouillard de tabac. Difficile de lui donner un âge à cause de sa calvitie, ses lunettes, sa silhouette épaisse et surtout cette impression de l'avoir toujours vu à Bourg-en-Bresse : le fils d'un pâtissier réputé, qui n'a jamais voulu quitter sa ville. On ne lui connaît ni vie privée, ni maîtresse en dehors de la Justice elle-même, installée à deux pas dans l'ancien tribunal. Ses journées oscillent du palais de justice à son cabinet, et de son cabinet à la prison, un mouvement pendulaire que font parfois dévier la carte d'un restaurant ou les émissions culinaires à la télé. Au barreau de Bourg, ses collègues en sont fiers : Frémion est le seul capable de tenir tête aux Lyonnais, qui viennent rafler les belles affaires de la région en les traitant de bouseux.

Devant Burgod, l'avocat enfile d'abord les « ça-va-être-long » et les « ça-va-coûter-cher », brandissant de temps à autre sur un ton de menace : « Un-procès-d'assises-n'est-jamais-une-partie-de-plaisir. » Il arrive que ses clients renâclent devant l'accueil. « Eh bien, changez d'avocat », tranche Frémion, en se levant pour les raccompagner. En général, les autres s'excusent. Burgod ne pense pas un instant à le contredire. Il se moque de payer, il donnerait plus encore s'il le fallait, question d'honneur.

Maître Nounours ne manie pas l'éloquence raffinée et le revendique. Ce genre de chose, c'est bon pour les grandes villes, Paris ou Lille. Ici, ça ne plaît pas. Pire, ça ne paie pas. « Dans l'Ain, on retombe vite sur son cul quand on veut faire le malin », professe Frémion. En défense, il est réputé pour interroger ses clients plus durement que le juge d'instruction. Les couloirs du tribunal à Bourg résonnent de ses engueulades pour les faire avouer, s'il l'estime nécessaire. Les portes claquent sur son passage, on raconte ses colères autant que ses plaidoiries. Aux audiences, il défend sa propre opinion du dossier, qu'importe si le client ne la partage pas. Au besoin, il le fait taire. « Dans les tribunaux comme le nôtre, on perd sa crédibilité si on baratine un magistrat. »

Avant même que Burgod ne lui apporte le dossier, Frémion le connaissait par cœur. Il le guignait dès le premier jour et s'était déjà « foutu dedans à fond ». Il se serait senti mortifié si une affaire pareille lui avait échappé, sur son propre territoire en plus. Comme chaque fois, l'avocat a ses convictions, ses « intuitions », dit-il d'ailleurs. Il annonce à Burgod : « Pour moi, ça dégouline de faisceaux graves et concordants autour de Thomassin. Il doit au moins savoir quelque chose. »

20

Dans la boîte aux lettres de la Grotte, Thomassin a trouvé un billet, quelques mots écrits comme on claquerait la porte : « Je ne veux pas finir comme la dame de la poste. Je sais que c'est toi. N'essaie plus de me voir. »

Voilà un mois ou deux, Thomassin avait rencontré une jeune femme. Elle arrivait d'un autre village et débutait dans le secteur médical, sans connaître grand monde à Montréal-la-Cluse. Il aimait la voir quand il allait se faire prescrire son Subutex. En général, il s'arrangeait de manière à être sûr que ce soit elle qui s'occuperait de lui, et pas un de ses collègues. Il la regarde pendant qu'elle s'affaire. Elle ne trouve son regard ni déplacé ni gênant. Quand ils évoquent son Subutex, il lui raconte sans détour le revendre parfois, cinq euros le cachet ou vingt la boîte. Tintin est son principal client. Avec un autre, la situation inquiéterait la jeune femme. Lui, non. Il s'exprime bien, quelque chose en lui l'intrigue. Il dit qu'il est acteur, elle rit, comme à une plaisanterie. Voudrait-elle voir un film dans lequel il a joué ? Elle espère en savoir davantage, c'est irrésistible, elle ne se l'explique pas.

Ensemble, ils regardent chez elle *Le Petit Criminel.* Évidemment, Thomassin n'est plus l'enfant bouleversant de 1991. Il n'est pas devenu Alain Delon non plus. À trente-quatre ans, il n'a ni grandi, ni vieilli : il a gardé sa petite gueule touchante d'adolescent, mais amochée, tailladée, roulée par les vagues. Parfois, il paraît dix ans de moins. Parfois dix de plus. Dans sa tête à elle, les choses tournent à toute vitesse. Elle se dit qu'il n'a pas dû réussir à gérer sa célébrité, quand il a commencé à prendre la lumière. Mais Marilyn Monroe aussi avait des problèmes d'addiction et de suicide, quinze médicaments s'entassaient au pied de son lit à Hollywood, la jeune femme l'a lu quelque part. Le cinéma est un ogre qui dévore ses enfants, un milieu où plein de gens se foutent en l'air. Alors pourquoi un Thomassin n'aurait-il pas sa place parmi ces grands monstres détraqués ? Elle va lui redonner confiance, l'aider à relancer sa carrière. Ils se voient plus souvent, elle l'encourage de petites phrases, pleine de bonne volonté. Elle se découvre une forme d'attirance.

Il lui a parlé d'un rôle qu'on vient de lui proposer à Paris. Elle s'enthousiasme. Et si elle l'accompagnait ? Tout va repartir, elle va le sauver. À la fois exaltée et inquiète, elle ne peut s'empêcher de le raconter à quelques amis. Eux s'effraient. Tant de rumeurs se sont mises à courir sur Thomassin. L'un mentionne la personnalité des acteurs, double, voire triple ou quadruple. La jeune femme proteste qu'ils ne le connaissent pas. Elle a évoqué avec lui le meurtre de Catherine Burgod et il l'a implorée de ne pas croire les ragots. Elle le lui a promis : c'est tellement injuste de s'acharner sur lui, sans preuve, juste parce qu'il est différent. Mais discrètement, elle a regardé quand même s'il ne portait pas de plaie suspecte. La gendarmerie a appelé le corps médical à la vigilance depuis le crime.

Elle ne lui a vu que de vieilles balafres. Ses amis la convainquent de les inviter un soir tous ensemble, curieux de voir l'animal.

Ils sont déjà tous serrés au salon quand la sonnette retentit. Enfin ! Thomassin ! Soigneusement habillé, poli, comme toujours, il a apporté un cadeau à la jeune femme : deux paquets de cuisses de grenouilles surgelées. Les amis se regardent. Une blague ? Un message étrange ? Personne ne se risque à un commentaire. Les invités le pressent de raconter sa vie. Ça doit être passionnant le cinéma, non ? La jeune femme leur a aussi laissé entendre qu'il avait grandi à la Ddass. Quelle saga, n'est-ce pas ? Là, il n'arrive pas à dire un mot. Lui le grand bavard, rien ne lui vient. Il ne se sent pas au niveau.

Les yeux de l'acteur semblent de plus en plus brillants à son hôtesse, elle lui demande discrètement s'il a pris de la drogue. Le souvenir d'une conversation sur l'insécurité des femmes à Montréal-la-Cluse lui revient. C'était juste après l'affaire de la poste, elle lui avait avoué être inquiète en rentrant seule après le boulot. Thomassin était passé derrière elle et avait placé le tranchant de sa main contre sa gorge. « C'est une manière d'immobiliser quelqu'un, de l'autodéfense. Ça peut te servir », il avait dit. Elle revoit le geste, ils avaient ri ensemble. Maintenant, elle ne sait plus. Qu'est-ce qui est vrai ? Qu'est-ce qui est faux ? Elle se perd dans ses histoires, chacune lui semble fonctionner à double sens, un palais des glaces où la réalité se dérobe.

Elle évite son regard. Aucun convive ne touche à la glace au caramel salé qu'elle vient de poser sur la table. Thomassin finit par se sauver.

21

Thomassin appelle son agent à Paris. Lequel, au téléphone, n'en revient pas. L'acteur avait plutôt tendance à le zapper, ces derniers temps. Plein d'espoir, il s'emballe : « Tu as lu le scénario que je t'ai envoyé ? » Thomassin ne l'a pas lu. Il veut parler de « son histoire », celle qu'il avait déjà évoquée au précédent coup de fil, sa garde à vue, les soupçons, « la saloperie de barbarie dont on m'accuse. On m'emmerde un peu trop ». Thomassin a un espoir enfoui, qu'il a du mal à s'avouer : et si le cinéma pouvait le sauver, une seconde fois ?

L'agent ne comprend rien à ce qu'il lui raconte. Quelle histoire ? Oui, ça lui revient, ce crime épouvantable dont Thomassin l'avait déjà entretenu à son dernier coup de fil au lieu de parler du « scénar ». L'acteur insiste encore. « Tu sais, on m'accuse de trucs que j'ai pas faits. » Il voudrait un avocat, parler à la presse. « Me protéger, quoi. » Alors, l'agent explose. Il s'occupe de Thomassin depuis peu, mais l'acteur a déjà planté des castings et des interviews. Et maintenant, il voudrait faire du bruit autour de ce meurtre effrayant ! « Ça va se savoir, Gérald, moi j'essaie de faire du boulot bien avec toi, c'est pas la peine que tout le monde entende parler de choses négatives. Ça se saura en deux minutes et tu es sûr que personne t'appellera pour du boulot. » Thomassin revient à la charge : « Si jamais je me fais encore arrêter ou je ne sais pas quoi... » L'agent n'en peut plus : « Je ne peux pas m'occuper de ça, Gérald. Ça sert à rien de brasser de l'air dans tous les sens. Prends soin de toi, estime-toi. Ne fais pas n'importe quoi. On se rappelle pour le scénario. »

Après *Le Petit Criminel*, Jacques Doillon avait présenté le gamin à Dominique Besnehard, à Artmedia, un agent artistique devenu lui-même aussi star que les stars dont il gérait la carrière. La photo et le CV du gamin éclataient à côté de ceux de Jean-Louis Trintignant ou de Nathalie Baye. L'histoire du cinéma français est traversée par des étoiles filantes, ces jeunes gens sortis de nulle part qui font rarement un deuxième film. Thomassin en a tourné vingt et un avec Artmedia, avant de quitter l'agence en 2007 après le départ de Besnehard. Les rôles lui arrivent tout seuls, sans qu'il se donne la peine de bouger. Le terme de « carrière » lui est inconnu. Jamais on ne l'a entendu exprimer le désir de travailler avec tel réalisateur ou jouer certains rôles. Son but est de faire un film par an, il aime que Besnehard choisisse pour lui. « C'est un garçon naturellement doué, recherché par les metteurs en scène, un modèle unique, mais il occuperait une ONG à lui tout seul, se souvient Besnehard. Quand il dit oui, il est totalement présent, mais on prévenait l'équipe : il faut parfois un mois ou deux avant de mettre la main dessus. Cela dit, on n'a jamais rencontré de litige avec lui, pas un tournage à problème ou une histoire obscure. Longtemps, on a pensé qu'il s'en sortirait. » Il laisse s'installer un silence. « Il m'arrive de le penser encore. »

À une époque, Jean-Pierre Sinapi n'envisageait pas un film sans lui. Ils en tournent quatre ensemble. Le réalisateur revoit leur première rencontre, en 1994, la silhouette de Thomassin s'approchant avec sa démarche étrange et Mafia, son doberman. Il lui tend aussitôt la laisse pour qu'il le promène. « Gérald pompe beaucoup d'énergie : il faut vivre avec lui, boire avec lui, faire des pâtes avec lui. Il a besoin de sentir l'amour. C'est son prix pour être disponible », explique Sinapi. Alors, l'acteur se laisse dévorer tout cru, offrant sa chair et ses os. Il n'a jamais essayé d'apprendre les techniques du métier ou les quelques astuces qui permettraient de composer avec ses émotions. Thomassin est resté candide face à la caméra, réussissant pour chaque rôle – même le plus petit – à jouer comme si c'était la première fois. Pour incarner une situation, il lui faut la vivre, être en colère pour jouer la colère, se shooter pour le rôle d'un dealer ou traverser les voies du métro entre deux trains pour celui d'un clochard. L'exercice du réalisateur consiste à l'emmener jusqu'au point de rupture, l'état où il doit être dans la scène.

« Il est impossible de ne pas l'aimer sur un tournage », continue Sinapi. La mère d'une jeune comédienne voulait à toute force le marier à sa fille, elle le poursuivait entre les prises. À la fin, elle en pleurait de le voir partir, persuadée d'avoir raté le gendre idéal. C'était pourtant une femme de bon sens, plutôt conventionnelle.

Les rôles qu'il a refusés en racontent autant que ceux qu'il a acceptés. Cyril Collard le choisit pour être le héros des *Nuits fauves*, qui deviendra un film culte en 1992 : l'histoire d'amour entre une femme et un jeune garçon, bisexuel et séropositif. « Jouer un pédé ? » Thomassin se revoit à Delta, le regard des autres, le petit tribunal du dortoir où se jugeaient les réputations.

Qu'allait-on penser de lui ? Il a dit non. L'année suivante, Bertrand Tavernier l'auditionne pour jouer un des jeunes assassins dans *L'Appât*. Il demande au gamin : « Tu en as envie ?

– Je ne sais pas. »

Tavernier en a pris un autre.

Cyril Troley l'a rencontré sur *Paria*, de Nicolas Klotz et Élisabeth Perceval, au tournant des années 2000. Lui aussi avait été repéré lors d'un casting sauvage, gare du Nord à Paris. Thomassin, qui a l'expérience, prend Troley sous son aile, d'autant que leurs rôles fonctionnent en duo, deux garçons qui se retrouvent à la rue. Thomassin aime jouer. Pénétrer dans l'espace clos et enchanté d'un plateau, saturé de vibrations érotiques, d'émotions décuplées. « Certaines séquences demandent à Gérald une puissance folle, il se met dans des états pas possibles, sans protection », raconte Troley. Au début du tournage, ses démons s'endorment. L'équipe est soudée, il y a sa place, de la reconnaissance, on fait attention à lui. Mais plus le travail avance, moins ça va. Les lumières finissent par s'éteindre, la bulle autour du film éclate. Chacun repart de son côté. « On s'est retrouvés avec la même énergie, mais sans le reste autour. Dans nos désirs, il fallait que ça continue encore », se souvient Troley. Les deux garçons veulent rester ensemble, comme dans le scénario. Thomassin y pousse, Troley est prêt à suivre. Aucun n'a de point d'amarre. Ils ont touché quarante-trois mille francs. Pour eux, c'est énorme : il y a de quoi mettre de l'essence dans la bagnole et sortir le soir. Mais la plupart du temps, ils s'enferment dans une chambre, porte de Bagnolet, prêtée par une tante lointaine, à se bourrer de coke en regardant des films de gangsters. « C'est très violent un tournage pour des gens comme Gérald et moi », dit Troley. Il est la face noire du cinéma, ceux qui n'ont pas compris la règle du jeu. Troley continue : « Thomassin, lui, ne dirait pas ça, d'ailleurs il ne le pense pas. » Jamais il ne l'a entendu se plaindre ou blâmer quelqu'un. Au contraire, et c'est troublant. « S'il doit parler du cinéma, il le magnifie. »

À l'époque, la compagne de Troley est enceinte, il finit par s'arracher.

Thomassin, lui, disparaît.

22

À Montréal, qui tangue depuis six mois au gré des gardes à vue et des opérations de gendarmes, la fièvre commence à s'apaiser. L'été flamboie sur le lac de Nantua, le club d'aviron affiche complet. Les premiers vacanciers viennent d'arriver au petit camping de Port, des Néerlandais qui ont appris à nager ici quand ils étaient enfants. Mireille, la patronne, a sorti le vin blanc.

Chez Raymond Burgod, les visiteurs s'espacent, les gendarmes ont arrêté de passer. Au QG de la rue des Granges, le Futur Ex reste le dernier fidèle. Les deux hommes se sont toujours bien entendus et l'affaire a encore resserré leurs liens. Le Futur Ex sait gré à son beau-père de n'avoir jamais cru en sa culpabilité, même quand il était traité en suspect numéro 1 au début de l'enquête. L'histoire a emporté sa vie comme une boule de feu, brûlant tout sur son passage, y compris lui-même. Il s'est retrouvé seul avec les enfants, à faire face aux accusations et aux remords. Pourquoi n'a-t-il pas accepté de partir dans le Sud quand sa femme le lui avait demandé ? Il se prend la tête dans les mains : « Je n'ai pas su la protéger. » Il ne dort plus, ne mange plus, sort à peine. À Montréal, certains ne le reconnaissent pas et passent sans le saluer. Il se ronge : n'est-ce pas plutôt qu'on le soupçonne encore ?

De tout cela, la famille ne parle pas, Raymond Burgod pas davantage que les autres. Le centre de gravité, cet aimant contre lequel leurs discussions finissent toujours par échouer, s'appelle maintenant Gérald Thomassin. Maître Frémion leur a assuré qu'ils ont affaire à forte partie avec l'acteur. « Ne le sous-estimez pas, il est intelligent, il joue avec les enquêteurs, il sème des indices autour de lui. » Dans le triangle minuscule que forment le QG de Burgod, la poste de poupée et la « maison des catastrophes », les deux hommes voient l'acteur aller et venir. Ils ont l'impression de buter sans cesse sur lui, « comme s'il se foutait de notre gueule ».

De temps en temps, quand il n'y tient plus, le Futur Ex passe en roulant au pas devant la Grotte. Le 24 juillet 2009, son Audi A4 noire longe la fontaine. Plein soleil de juillet, une lumière crue dessine durement les visages et les décors. Un collègue l'accompagne. Et d'un coup, il apparaît, lui, Thomassin, descendant de vélo.

Le Futur Ex s'engouffre dans la Grotte sur ses talons. Il réclame la vérité sur ce qui s'est passé à la poste. Thomassin sourit, « un sourire nargueur », dira le Futur Ex aux gendarmes. Il le pousse, le frappe au visage, coups de genou dans le ventre et les côtes, une raclée. Thomassin crie qu'il n'a rien à voir avec le meurtre.

« Alors pourquoi les inspecteurs s'intéressent tellement à toi ? Arrête de jouer avec nous. Tu es peut-être comédien, mais ton cinéma, ça ne marche pas avec moi. Tu cherches une vie tranquille ? Alors déménage. Je te tuerai si tu n'arrêtes pas de nous emmerder. »

Thomassin crie quelque chose, personne ne l'entend. Le Futur Ex reprend une énorme bouffée de colère et jette son vélo sur lui.

Passant à la Grotte par hasard, un copain des HLM verts trouve l'acteur allongé chez lui. L'obscurité est complète, les volets fermés. Avec la chaleur, l'odeur de renfermé s'est faite si dense qu'elle en paraît vivante. Thomassin a le visage et le corps marqués, il tremble. L'autre lui conseille de porter plainte.

Il se décide à se traîner jusqu'à la gendarmerie. Le long des platanes, un homme en chemise claire fume une cigarette. Raymond Burgod. Les deux hommes sont face à face dans la rue vide et brûlante. Thomassin l'aborde. Il parle de la bastonnade du Futur Ex. Puis, de sa banane, il sort un nouveau couteau, qu'il agite sous le nez de Burgod. L'autre croit devenir fou : « Ce con-là va me planter, alors que ce serait plutôt à moi de le faire. » Thomassin lui explique que, s'il avait été le braqueur, il aurait mis une cagoule et des gants, il aurait agi « en spécialiste ». « Je n'aurais pas tué votre fille. L'assassin ne doit pas être un professionnel. Toutes mes condoléances. » En rentrant chez lui, Burgod envoie aussitôt un courrier à son avocat et aux gendarmes pour leur raconter la rencontre avec « le sieur Thomassin ». En conclusion, il écrit : « Imbu de lui-même, il a eu l'outrecuidance inadmissible de me dire, la larme à l'œil, qu'il avait rendu visite à ma fille sur sa tombe. Signé : le père de Catherine. »

23

À la brigade de Nantua, Thomassin a demandé une protection policière, en déposant plainte pour l'agression du Futur Ex. Tout le monde a ri dans le bureau. « Des gardes du corps ? *Bodyguard ?* » Il se croit où, celui-là ? Au Festival de Cannes ?

Thomassin court pour rentrer chez lui. Il avait déjà voulu quitter Montréal-la-Cluse, mais Tintin l'a retenu. « T'as rien fait, tu continues comme d'habitude. Si tu pars, ils vont t'accuser. »

Maintenant, il a peur d'être tué.

À la Grotte, il boucle un sac bien plus léger qu'à son arrivée : son manteau trois quarts et ses gants en cuir noir, ses bottes – « mes belles bottes Aigle en caoutchouc pour quand il pleut » – ont été saisis comme pièces à conviction. On lui a même retiré ses baskets des pieds, « des Nike noires, taille 39 », a inscrit un technicien sous le scellé CR 26. Il lui reste son blouson préféré, le pyjama bleu clair piqué pendant une cure à la Chamoise, le centre psychothérapique de Bourg-en-Bresse. Il fait comme sa mère le lui avait appris quand elle avait été expulsée de son HLM à Pantin : prendre ce qu'on peut porter. Brûler les papiers. Abandonner le reste. Fuir.

Se souvenir d'elle, c'est toujours somptueux et glaçant. L'ultime rencontre remonte à 2001, le 21 mai. Thomassin a vingt-six ans, sa mère quarante-neuf. Il est attendu sur le plateau d'*Une affaire privée*, sous la direction de Guillaume Nicloux, un rôle secondaire, mais chaudement recommandé par Besnehard. Il lui a fait miroiter : « Tu feras un flic, pour une fois. » Comme d'habitude, l'acteur a accepté sans lire le scénario, Besnehard peut tout lui demander.

La mère et le fils ont un pacte à l'époque : ils s'hébergent l'un l'autre dès qu'ils peuvent. Lui l'avait prise dans sa chambre d'hôtel porte d'Orléans pendant *Nationale 7*, de Sinapi. Les nuits commençaient à l'alcool, continuaient en cris. « À la fin, on se battait », se souviendra Thomassin. Certains acteurs étaient partis s'installer ailleurs.

Cette fois, c'est son tour à elle, elle l'attend dans un hôtel meublé vers Strasbourg-Saint-Denis à Paris, où elle loge pour le moment. Quand Thomassin arrive, l'accueil du patron est ouvertement hostile. Il a vu sa mère faire la manche dans le métro pour se payer ses doses. Et « même pire », laisse-t-il tomber. Sans regarder Thomassin, il lui indique l'escalier d'un coup de menton : « La vieille est en haut. » Elle y est, en effet, chambre 21, si petite sur le lit, un oisillon roulé en boule. Ses yeux sont ouverts. Le fils se penche pour l'embrasser. Elle est morte. « Une crise cardiaque », ont diagnostiqué les médecins. Thomassin voulait une épitaphe digne d'elle. Il l'a intronisée passeuse internationale de cocaïne pour des millions de dollars, abattue par la Mafia. Il n'en démord jamais. Quand il veut la pleurer, ce n'est pas sur sa tombe qu'il s'agenouille, mais devant celle de Simone Signoret et Yves Montand au Père-Lachaise.

Il ne laisse rien transparaître sur le tournage de Nicloux. Dans le milieu du cinéma, des rumeurs circulent. On devine une existence en marge, un parfum de zone. Il ne mange pas à la cantine avec l'équipe. Et où dort-il ? Entre les plans, on ignore parfois comment le joindre. Ses vies sont cloisonnées. Son nouveau chien s'appelle Whisky.

De temps en temps, Besnehard et Yacouta, son bras droit, voient poindre sa petite tête dans les locaux chic et démesurés d'Artmedia, comme s'ils s'étaient quittés la veille. Nul ne sait d'où il sort. D'une voix qu'il voudrait rassurante, Thomassin lance à la manière d'un grand frère : « Yacouta, si quelqu'un te fait des problèmes, dis-moi. Je peux t'aider. » D'autres fois, il bafouille : « Là, j'ai un tournage. Quand est-ce que tu crois qu'on aura l'argent ? » Il est gêné, il a sa petite pudeur à lui. Immanquablement, Besnehard finit par descendre au distributeur tirer un billet ou deux. Il ne s'attend pas forcément à ce que Thomassin le rembourse. Parfois, il le fait. Il l'a hébergé aussi. Dès que le cachet arrive, Thomassin le distribue autour de lui. « Il n'y a pas plus attachant, dit Doillon. Pas plus décourageant non plus. »

Jusqu'à la mort de sa mère, Thomassin s'est toujours débrouillé pour trouver un toit, chez les femmes souvent. Elles appartiennent au milieu qu'il fréquente au moment où il les rencontre, le cinéma ou la galère, assistante de plateau ou assistante sociale. Pour chacune, il peut donner les noms, les lieux, les dates. « Une fois, je suis sorti avec une fille qui avait vingt-cinq ans de plus que moi. Ça ne me dérangeait pas. C'est après qu'ils ont inventé des mots pour ça. J'étais amoureux, je crois. »

Un temps, il s'installe dans le pavillon d'un ancien SDF, rencontré sur le tournage de *Paria*. Puis, un copain l'accueille dans la maison qu'il retape en Bretagne jusqu'à ce que sa propre famille manque exploser au bout de six mois. Il met Thomassin dehors sans sommation, en l'empoignant : « Sors de ma vie, tout de suite. » L'acteur n'a pas un mot violent. « Il m'a remercié et je l'ai vu partir boitant à travers champs avec sa démarche bizarre. »

Une fille le prend en stop, à qui il offre son lecteur de CD. Il porte son jean italien et possède encore un carnet de chèques. Ils sont en bois, mais quand même : il achète deux cartouches de clopes avec et monte dans un train sans savoir où il va. Dans une gare qu'il ne connaît pas, il finit par descendre. La nuit tombe. Personne ne sait où il est, ni Besnehard, ni Doillon, ni Bonaventure. « Ça y est, je suis à la rue, il pense. Comme si ça me collait à la peau d'arriver là. » Ce monde lui paraît étranger et à la fois secrètement familier.

Les habitudes sont vite arrivées. La manche, où il excelle. Les nuits en groupe dans des endroits secrets pour ne pas se faire attaquer. Les saucisses froides extraites de leur emballage. Les papiers d'identité, les lingettes, le couteau collé au ventre dans la banane. De son passé, il n'a plus une photo, plus une lettre, rien. Les jours défilent sans qu'on les compte. « Quand tu es à la rue, tu vis au fur et à mesure. Au bout d'un moment, la rue a pris toute la place, tu ne penses plus qu'à elle. C'est comme le cinéma. »

24

C'est Tintin qui accompagne Thomassin à la gare de Brion-Montréal-la-Cluse, le lendemain de l'agression du Futur Ex. En fait de gare, celle-là ressemble plutôt à un abribus monté comme un Lego à une sortie d'autoroute entre Montréal et Nantua. Un quai unique, quinze sièges soudés le long de barres de fer sous un auvent, même pas un distributeur de café. L'acteur a signalé à la gendarmerie qu'il « quittait le village pour toujours » : on lui a seulement recommandé de se signaler là où il arriverait. Destination Rochefort. « Je veux récupérer ma femme, l'amour de ma vie. » Il l'a annoncé à tout le monde, c'est-à-dire à Tintin. Ensemble, ils ont calculé un trajet compliqué avec plusieurs changements, de crainte que le Futur Ex lance des hommes à ses trousses.

Ils partagent une dernière cigarette sur le quai. Quand Thomassin monte à bord pour Lyon, il tend cinq euros à Tintin. Son cadeau d'adieu. L'autre a emballé une serpette, trouvée dans son garage, qui lui a semblé digne de la circonstance.

L'acteur parti, Tintin tourne en rond. Il est seul maintenant. Rambouille avait déjà quitté Montréal, quelques semaines après le meurtre. Tintin l'avait surpris en train de fouiller sa chambre à la recherche d'un peu de dope.

« Dégage de chez moi », avait gueulé Tintin.

Rambouille s'était figé. Pas question de bouger : il irait où ? Le répertoire de son téléphone ne contenait plus grand-chose, à part le numéro de Pôle Emploi.

Tintin l'avait déjà vu se battre, un cogneur, que rien ne fait reculer. Il venait d'ailleurs de casser un verre et toisait Tintin, tesson à la main. Malgré l'héroïne, il avait gardé sa carrure de soudeur. Rien à dire, il en imposerait s'il s'en donnait la peine. Tintin avait scruté ses yeux bleu pâle et reconnu le voile qu'y jetaient les cachetons. Ils se connaissaient par cœur, à force. Tintin s'était dit qu'il tenait sa chance. Lui n'avait pas encore commencé la bière.

Rambouille avait fini aux urgences d'Oyonnax à se faire recoudre la tête, pendant que les gendarmes venaient cueillir Tintin aux HLM verts pour coups et blessures, fourgon et menottes devant les voisins. Lui braillait en se débattant : « Je suis pas un criminel. Si j'avais tué la postière, je comprendrais, c'est un truc de sauvage. » Le soir même, Rambouille avait définitivement quitté le village.

Sans même que Tintin y pense, ses pas l'ont conduit sur le sentier à flanc de montagne vers Beauregard, la ferme isolée où ils allaient si souvent tous les trois, quand ils étaient « les Dalton ». C'est un jour d'été dans toute sa pureté, au milieu des sapins. Le sous-bois gazouille, soupire, murmure, avec parfois le trottinement d'une petite bête soyeuse, qu'il devine plus qu'il ne la voit. Quand ils vivaient là-haut, les Mercier fuyaient la société des hommes, deux frères et une sœur barricadés, en reclus. Des trois, elle était la plus farouche. Certains l'avaient connue à l'école communale de Montréal dans les années 50, une fille trop grande, qu'on devinait jolie et qui savait ses leçons mieux que les autres. Devenue jeune femme, elle ne quittait presque plus la ferme. Derrière la réserve à bois, elle avait sa pierre, à demi cachée par un gros noyer, sur laquelle tombait juste un filet de soleil. Elle s'y asseyait des après-midi entiers coiffée d'un chapeau noir à large bord qui lui donnait la silhouette d'une promeneuse élégante égarée en forêt. Devant les rares passants qui s'aventuraient à lui parler, elle se cabrait sans répondre et détalait au galop. On se demandait même : est-ce qu'elle entend ?

Un hiver à Montréal, on avait cru l'apercevoir à la messe de Noël, puis une autre fois chez un coiffeur à Nantua. Une cliente avait demandé à voix basse : « Ce ne serait pas la Simone Mercier ? » L'employé ne connaissait pas son nom : cette femme venait régulièrement, toujours à pied et aux heures les plus creuses. Elle réclamait des coiffures compliquées et réglait en liquide.

Tintin souffle sur le chemin au milieu des coulées de mousse, obligé de s'arrêter parfois, le cœur affolé dans la poitrine. Il se souvient d'une histoire, inventée par les gamins de Montréal pendant un de ces hivers de grand blanc où les villages s'abîment dans la neige des semaines durant. Ils avaient prétendu que les deux frères Mercier, bloqués à la ferme, avaient mangé leur sœur pour survivre. La blague avait enflé au point qu'une petite délégation s'était mise en marche vers Beauregard, au prétexte de prendre des nouvelles. Elle comptait quelqu'un de la mairie, un agriculteur et le curé revêtu de sa soutane pour frapper les esprits. Aux abords de la ferme, ils avaient crié pour s'annoncer, envoyant le prêtre en premier, à la manière d'un drapeau blanc. Rien n'avait répondu, sauf le piétinement de vaches au fond de l'étable. Un chien de ferme montrait les dents. La délégation avait fini par distinguer, dépassant d'un muret, les têtes des deux frangins qui les observaient depuis un moment. Politesses et pourparlers s'étaient prudemment engagés, puis éternisés sur le seuil. « Mais votre sœur ? Par ce temps, comment va sa santé ? » avait osé le paysan. Le jour baissait quand la délégation avait été autorisée à grimper la volée de marches menant à la cuisine. La pièce baignait dans la pénombre, un plafond noir comme un fourneau, à peine éclairée par une ampoule de quinze watts, nue au bout d'un fil. Dans un coin, ronflait une cuisinière à bois, seule source de chaleur dans la ferme. Les frères se taisaient et les trois envoyés du village avaient renoncé à toute conversation. Dans le silence, des ombres semblaient danser autour de la table, confuses, où se devinait parfois un chat à son frôlement ou bien l'éclat du regard d'un frère, s'allumant soudain comme une flammèche. Ils avaient les mêmes yeux, trop grands, trop fixes, qui semblaient ne jamais cligner. L'heure tournait. La première sensation de réconfort après le froid du dehors commençait à s'évanouir, remplacée peu à peu par un engourdissement. Le représentant de la mairie réprimait mal un grelottement. Rien ne leur avait été proposé à boire. Le curé avait finalement demandé à voir la sœur.

La porte d'une chambre s'était brusquement ouverte. Elle se tenait dans l'encadrement, toute droite, parée comme une mariée. Des cheveux blonds, magnifiques, recouvraient ses épaules. Son visage était très maquillé. Sans dire un mot, sans bouger, elle s'était laissé observer, à la manière d'une apparition. Puis la porte s'était refermée.

Quand la ferme se découvre enfin après un tournant, Tintin se prend à envier les Mercier, leur dédain du monde, leur refus de demander quoi que ce soit, même des subventions, au point que la chambre de l'agriculture s'en était étonnée. Il s'avance au milieu des broussailles retroussées par le vent. L'abandon a tout gagné, les cadres pendent aux fenêtres, les portes sont disloquées. Pourtant, il lui semble arriver au paradis. Tintin s'enfonce dans le chemin creux qui mène au verger où il a si souvent traîné un matelas pourri sous les pommiers avec Thomassin et Rambouille. Le soleil éclate sous ses paupières mi-closes. S'allonger. Retrouver la paix verte, la paix végétale.

Tintin s'arrête, saisi. Devant lui, se tiennent cinq ou six gendarmes. Ils fouillent la ferme à la recherche d'éventuels indices, l'un est en train de lacérer le vieux matelas, dont le crin vole au milieu des herbes et des insectes. Une profanation, lui semble-t-il. Tintin fait demi-tour et court jusqu'au village.

Après le meurtre, son appartement aussi avait été perquisitionné, comme celui de Thomassin. Ils avaient été placés en garde à vue, en même temps. Ça ne l'avait pas impressionné. À la case « personne à prévenir », il avait écrit en lettres appliquées d'écolier : « Mon papa. » C'est surtout autour de l'acteur qu'avaient tourné les soupçons.

UN GENDARME. Cela fait dix-neuf heures que vous êtes en garde à vue. Quel est votre état d'esprit actuel ?

TINTIN. J'en ai marre. J'aimerais bien rentrer chez moi. Ben j'ai du mal à croire, je tombe des nues par rapport à Thomassin. J'ai du mal à comprendre pourquoi on m'interroge autant sur ce meurtre. J'étais pas là. J'étais un passant comme un autre. J'ai l'impression d'être un complice, qu'on me reproche quelque chose, alors que je n'ai rien fait. Concernant le meurtre, je le trouve horrible, ça c'est clair. Si j'étais informé de n'importe quoi, j'en aurais parlé à la gendarmerie ou au maire de Montréal-la-Cluse. Je vous aurais aidés, je n'aurais pas fait les fantômes et fermé ma bouche. Et puis j'espère que vous allez trouver le coupable, comme ça l'affaire sera résolue. Comme vous m'avez dit : « Supposons que Gérald a fait ça », moi je vous crois, c'est vous qui avez les cartes en main. J'y croirai vraiment quand je verrai son nom dans le journal.

III

Les larrons

25

Raymond Burgod a laissé à son petit-fils la clé de sa maison près de la fontaine. Dans son journal intime, il écrit : « Ce 13 juillet 2011, à 13 h 35, poussé par ma famille et mon médecin qui me sentait trop déprimé, je pars à l'Ehpad de Nantua. »

L'établissement est installé dans l'ancien hôpital de la ville, mais il n'a pas encore été réaménagé pour son nouvel usage. Dans les chambres, deux lits continuent de se serrer l'un contre l'autre, comme au temps de la chirurgie. Les résidents ont posé sur les tables de nuit leurs derniers trésors, une ceinture à boucle dorée, un chaton sur une carte postale ou un caillou rond et poli. Au mur, le calendrier d'un labo pharmaceutique égrène les jours et les menus. « Ce soir : potage, endives au jambon, fromage mou, riz au lait. » Un monsieur alpague les visiteurs : « Tu es en auto ? Tu m'emmènes ? » Si la réponse tarde, sa canne tapote les jambes de son interlocuteur. « Alors ? On s'en va ? Tu verras, je suis un bon gamin, je t'embêterai pas. » Installés côte à côte sur des chaises le long du couloir, tous les résidents portent les mêmes charentaises à carreaux.

Raymond Burgod devient aussi pâle que les draps quand on lui annonce qu'il partagera sa chambre avec un autre.

Réponse immédiate : « Je le tue dans la nuit. » Dans son dos, ça chuchote. « Vous savez, c'est le monsieur dont la fille… » Il est autorisé à rester seul. Pendant un mois, il dort nuit et jour, assommé de médicaments. Sa chambre est la seule équipée d'un ordinateur et du wi-fi, les aides-soignantes y entrent sur la pointe des pieds. « Chut, il travaille. »

Trois ans ou presque après l'assassinat de sa fille, Burgod craint une chose : que le dossier rejoigne la pile des *cold cases*, les affaires classées sans suite. Pendant sa carrière, il lui était arrivé d'être choisi comme juré, aux assises de Bourg-en-Bresse. Il avait siégé dans une affaire de viol, puis celle d'une mère qui tuait ses nouveau-nés, « des affaires de femmes, toujours ». Il était intimidé au début, il le reconnaît. Mais la justice lui semblait fonctionner à merveille, le président avait été charmant avec lui. Maintenant qu'il est touché dans sa chair, il se sent méprisé, un gêneur, qu'on ne tient au courant de rien.

Maître Frémion, son avocat, a dû lui arranger un rendez-vous avec la procureure de Bourg-en-Bresse, Marie-Christine Tarrare, pour l'apaiser. Certes, ce n'est pas une faveur, mais ça reste exceptionnel. Dans « son » tribunal, Frémion circule comme à demeure, il connaît chacun des trente magistrats, greffiers, appariteurs. Burgod le suit dans le dédale vénérable et biscornu de l'ancien palais de justice, jusqu'au bureau de la procureure.

Sitôt assis, Burgod commence : « Je vais mourir sans connaître la vérité. » En réalité, il n'y a pas grand-chose à dire sur l'avancée des investigations, c'est bien tout le drame. Le dossier s'est transformé en un chaudron infernal où bouillonnent une multitude de pistes, d'expertises, les vérifications aux bornes d'autoroute, dans les centres pour migrants d'Hauteville ou ceux pour les sans-abri, les hôpitaux, les services psychiatriques, les associations de désintoxication, les déjà condamnés de la région et ceux qui pourraient l'être.

Une énergie folle a été pompée par une recherche en téléphonie auprès des trois opérateurs du secteur à l'heure du crime, plus de dix-sept mille appels disséqués, des tomes entiers de procédure. En vain.

La section de recherches de Lyon a exploré dix-sept « objectifs » – les suspects, dans le jargon des brigades –, avec perquisition et écoutes à chaque fois. Y figurent un héroïnomane d'Oyonnax, venu sonner en pleine nuit à la pharmacie de garde pour une blessure au couteau à la main, ou un facteur dont les doigts avaient par hasard laissé leurs traces sur une porte de la petite agence.

Mais les empreintes génétiques relevées à la poste n'ont toujours pas matché, malgré plus de trois cents tests ADN réalisés parmi les voisins, les proches, les suspects et leur inscription au fichier national automatisé, le FNAEG.

L'arme du crime reste introuvable. Quatre couteaux ont été découverts dans des rivières ou des talus, mais aucun ne correspond aux plaies constatées par les légistes. Celui de Thomassin a été jugé « tout à fait compatible », mais le Bluestar n'a révélé aucune trace de sang de Catherine Burgod. Volé le jour du crime, son téléphone n'a jamais réapparu non plus.

Certes, la piste de l'acteur paraît fragile, « on est sur de l'impalpable », pas de quoi mettre quiconque en examen. Mais elle semble la moins hasardeuse aux yeux des gendarmes et des magistrats. En fait, il n'y en a pas d'autre.

La justice ne reconnaît jamais qu'elle laisse mourir une affaire. Elle pratique plutôt une manière de coma artificiel, consistant à réduire progressivement le nombre d'enquêteurs. Dans son bureau, la procureure Marie-Christine Tarrare fait une promesse à Burgod et son avocat : « Ne pas laisser tomber le dossier. » Autrement dit, la cinquantaine de gendarmes sera maintenue. En ces temps de pénurie dans la justice, ça ressemble presque à du luxe.

L'attente reprend, exténuante. À l'Ehpad, Burgod écrit dans son journal : « Nous ne sommes plus grand-chose ici, loin, très loin du tumulte, dans des cellules de 18 m^2. Qui étais-je dans une autre vie ? Le passé ressemble à une fête foraine. » Le passé ? En 1964, il avait rencontré une fille de Montréal, « une jolie fille toute neuve », dit-il. Elle va à la messe le dimanche, des anglaises dépassent de son chapeau. Il la veut, il l'épouse, mais pour tout changer en elle. Finis, les chapelets et les fers à friser. Lui n'est pas un paysan, pas dans le plastique non plus. Il a de l'instruction, une grosse capacité de travail, la conscience de sa valeur. Il ne s'en cache pas. À vingt ans, il décroche le poste de secrétaire général à la municipalité, réservé en théorie à des gens d'expérience.

À la mairie, il fait embaucher sa femme comme secrétaire. « Je suis à la fois son chef et son mari. » Pour ses loisirs, il grimpe à vélo le mont Colombier. Ça passe les nerfs. Ça fait mal. Il aime ça. Quand il rentre, sa femme lui souffle : « Tu es fatigué, repose-toi. » Il aime ça aussi. Parfois, elle ajoute : « Comme tu es compliqué ! Je ne te comprendrai jamais. » Il sourit et approuve. « Non, tu ne me comprendras jamais. »

Mme Burgod est morte le 14 février 1979, dans l'après-midi, seule dans leur maison de montagne à Napt, « un village avec de la forêt, du gibier, mais on y parle français quand même », raconte Raymond Burgod. Elle avait trente-neuf ans et Catherine, leur fille, onze. À l'époque, un gendarme avait conclu au suicide. Burgod s'était aussitôt démené pour le faire muter. Aujourd'hui encore, il part dans une colère froide quand on risque le mot.

Le père surveille la fille comme le lait sur le feu, « ma petite mésange », « ma merveille ». Au début des années 90, il se morfond quand elle part à Megève, une station de ski à la mode, après une brouille avec le Futur Ex. Elle travaille dans une pharmacie chic. Elle a vingt-quatre ans, « des yeux à tomber à genoux », s'enorgueillit Burgod. Sacha Distel l'invite à dîner en tête à tête, elle sort dans le milieu de la fête. Le père va la voir chaque week-end, une heure de route qui lui semble le bout du monde. Les questions l'assaillent : « Est-ce qu'elle en a assez de son vieux Père ? »

Il se démène pour qu'elle revienne à Montréal. À l'époque, la fermeture de la petite agence est envisagée, mais il pousse la mairie à un accord avec la Poste, dans le cadre du maintien des services publics en zone rurale. Burgod négocie lui-même l'embauche et le salaire de sa fille, comme il l'avait fait pour sa femme, en homme habitué à obtenir ce qu'il veut. Il annonce à la petite mésange avoir « tout arrangé pour son retour », même sa réconciliation avec le Futur Ex. Catherine Burgod s'est finalement laissé convaincre, bien sûr, à condition de « ne pas avoir un chef sur le dos ».

À l'Ehpad, sa photo a rejoint celle de sa mère sur sa table de nuit. Il la regarde : « Comment pourrais-je ne pas m'en vouloir ? »

Burgod a fêté ses soixante-dix ans et lui, le dandy de la mairie, ressemble à un vieillard perdu, les traits gonflés, les lunettes de guingois. Son regard seul demeure vivant, noir, tourné vers le dedans, défiant ceux qui le croisent : son malheur jeté à la gueule du monde. Longtemps, il a fui les pages du *Progrès* qui traitaient de faits divers. « C'est comme l'alcool, le premier verre dégoûte, le second un peu moins. Ensuite, on n'en a jamais assez. » Maintenant, autour de son lit, monte en muraille toute une littérature sur les failles du système judiciaire et les affaires célèbres, commandée par Internet. Il se gave d'émissions sur les histoires criminelles, persuadé qu'il finira par tomber sur un dossier un peu identique au sien. Alors, un élément lui sera révélé, il fera le lien qui le conduira à l'assassin.

Dans son journal, il écrit : « Ma chérie, je ferai tout pour faire vivre ta mémoire. J'ai une mission : je te vengerai, ma fille. C'est pas beau, la vengeance, hein ? C'est un sentiment humain, c'est celui qui me tient. Je trouverai celui qui t'a tuée. »

26

En novembre 2011, Raymond Burgod appelle la brigade. Cette fois, il a trouvé de quoi relancer l'affaire : il tient un témoin. En allant chercher son tabac, il a croisé dans les rues de Nantua un de ses anciens voisins à Montréal-la-Cluse. Aussitôt, le bonhomme lui a raconté connaître l'assassin de sa fille. C'est Thomassin. Tous les deux se fréquentaient à l'époque, l'acteur lui-même lui aurait confié l'avoir tuée, allant jusqu'à décrire le meurtre.

Le voisin en question est interrogé par les gendarmes, un ouvrier chaudronnier de quarante-trois ans, un gars cordial, aimant les chats et les brocantes. Il a, en effet, croisé l'ancien secrétaire de mairie et ils ont parlé de l'affaire. Impossible d'y couper avec Burgod : il fait de la peine avec sa colère, son acharnement désespéré à savoir qui a commis le meurtre. Lequel des deux a prononcé le nom de Thomassin ? Le chaudronnier ne s'en souvient plus. En tout cas, il a fini par lui lâcher qu'il le soupçonnait. Il avait sympathisé avec l'acteur au tabac-PMU de Montréal-la-Cluse, il le trouvait gentil, prêt à discuter avec tout le monde, traînant ici ou là et buvant beaucoup. Le chaudronnier ne l'avait jamais vu agressif, peureux plutôt, ou plus exactement fragile. Deux ou trois fois, lui et sa femme l'avaient invité à dîner dans leur appartement. Ils avaient mangé du poulet rôti, ce mince détail lui revient maintenant et il en sourit. En partant, Thomassin lui avait demandé un peu d'argent, cinq ou six euros. Ça ne l'avait pas dérangé de les lui prêter, il avait de l'estime pour lui.

À une certaine époque, après le crime, les soupçons s'étaient focalisés sur Thomassin. Ça le révoltait. Il s'était mis au vert pour fuir les embrouilles et les grandes villes, mais il avait l'impression que ça tombait toujours sur lui quand il arrivait quelque chose.

Le chaudronnier avait essayé de le rassurer. C'est plus tard qu'il s'était mis à gamberger. Les « flics » ne venaient pas chercher quelqu'un par hasard, ne fouillaient pas impunément ses placards. Il s'était aussi souvenu d'un film, qu'il avait vu, où l'acteur menaçait quelqu'un avec un couteau. Tout ça le troublait, la coïncidence du rôle surtout.

Mais Thomassin ne lui avait jamais avoué être impliqué dans le meurtre de Catherine Burgod, ni donné de détails, il en est sûr, il promet. Il aurait été le premier à courir à la brigade, si cela avait été le cas.

Les gendarmes insistent encore : le chaudronnier est-il vraiment certain qu'il n'a pas fait lui-même de confidences à Raymond Burgod, quand ils se sont croisés à Nantua ?

L'autre est formel. Il a évoqué des soupçons, rien de plus. « J'aurais mieux fait de me taire », il dit dans un soupir.

Le chaudronnier n'en revient toujours pas d'avoir été cueilli par une estafette à l'atelier, puis mis sur écoute des semaines durant. Mais il ne veut pas critiquer Raymond Burgod, surtout pas, il le respecte. « Il savait que j'étais ami avec Thomassin, il était persuadé que je détenais la vérité sur le crime, c'est dans sa tête. Il m'avait imploré de parler. Ce jour-là, il a entendu ce qu'il espérait entendre. »

27

Thomassin est de retour chez Corinne à Rochefort, après la raclée du Futur Ex et son départ de Montréal-la-Cluse. Ils s'étaient rencontrés en 2006, dans un centre antiaddiction, tous les deux sous méthadone, 90 mg par jour pour lui, 140 pour elle. Lui était plutôt bière et Subutex, elle whisky et Lexomil. « Le coup de foudre », elle dit. Et lui : « Je l'ai eue comme on attrape un petit oiseau dans son nid. »

Très vite, il s'était installé chez elle, un charmant foutoir dans le quartier du Petit Marseille à Rochefort, piano, tapis et table basse recouverte en permanence d'ordonnances, de foulards colorés, de bouquins ouverts, de pots de Nutella. Corinne est ambulancière, ou plutôt l'a été. Thomassin avait tout de suite eu ce besoin d'être collé à elle, mais nerveux, en ébullition, parano, surtout avec l'alcool. Même le fils de Corinne le rend jaloux. Ils se quittent, ils se requittent, ils se rerequittent.

C'est à ce moment-là qu'il avait accepté l'éloignement à Montréal-la-Cluse, du désespoir pur. Elle était passée le voir à la Grotte, quatre ou cinq fois. Puis elle lui avait écrit :

« On est à la fois ensemble et séparés. Je suis toujours amoureuse, mais la vie est plus facile sans toi. Tu sais tu es quelqu'un de bien sauf que tu t'en rends même pas compte.

Tu es au top et tu repars dans l'alcool au lieu de vivre.

As-tu peur de réussir ?

As-tu peur du bonheur ?

As-tu peur que tout aille bien ?

Je pense souvent à nous, parce que ça me bouffe que cet amour entre nous si fort soit bousillé ainsi. Si tu as des projets, fonce.

Tu restes dans mon cœur comme un tatouage intra-corporel. »

À Rochefort, Thomassin ne parle que du crime, partout, tout le temps. Une travailleuse sociale le reçoit pour mettre ses papiers à jour, mais il tient d'abord à expliquer qu'il a quitté un village près de Nantua parce qu'il est accusé d'un meurtre. « Je vous jure, madame, je l'ai pas fait. » Il plonge son regard dans le sien, répète : « C'est pas moi. » Il voit bien que plus il jure, moins elle le croit. Elle finit par se lever, passe dans un bureau à côté, revient avec un homme en col roulé qui fait mine de farfouiller dans une armoire mais observe Thomassin du coin de l'œil. L'acteur veut s'expliquer, sans leur faire grâce d'aucun détail, pour prouver sa bonne foi. Le voilà parti dans une de ses tirades, interminables et confuses, sur « les deux dames du cimetière ». Il aime ces endroits-là, dit-il, il s'y promène souvent. Cette fois, il voulait se recueillir sur la tombe de « Kathy », cette femme assassinée, s'excuser auprès d'elle d'avoir quitté son enterrement et recommander son âme à Dieu. « C'était important pour moi, vous comprenez ? » Les deux dames l'avaient aperçu par hasard, il leur avait donné son avis sur le meurtre, « comme tout le monde alors ». Cela avait été mal interprété.

« C'est une bêtise, mais les soupçons ont commencé là. Vous me croyez ? »

La travailleuse sociale et l'homme en col roulé le fixent pardessus l'ordinateur sans prononcer un mot. Thomassin comprend qu'il ferait mieux de partir. La consigne a été donnée de ne plus le recevoir seul.

Corinne a accepté qu'il revienne vivre dans son appartement. Elle voudrait lui réapprendre à faire l'amour, à redevenir doux, à cesser de la saouler avec ce crime. Mais toutes les nuits, Thomassin se réveille et la secoue. À nouveau, il doit lui raconter sa garde à vue, en mars 2009, à la brigade de Nantua. Il avait voulu ne rien cacher aux gendarmes, sa toxicomanie, ses films, la Ddass, et aussi « ces voix » qu'il entend parfois dans sa tête : des hommes et une femme lui chuchotent des mots que personne d'autre ne perçoit. Les voix ont commencé en 1996, au moment de ses premiers shoots durs. Pour les faire taire, il avait fini par avaler une bouteille d'alcool à brûler. Réveil en psychiatrie, à l'hôpital Maison Blanche, à Paris. Aucune anomalie mentale ou psychique n'avait été diagnostiquée, mais trop de came, trop de trous d'air.

À Corinne, il décrit une fois encore ce qu'un enquêteur lui avait demandé pendant son interrogatoire : « Vous n'êtes pas capable d'agresser une personne ? Même dans un état second ? Si une voix vous demande de le faire ? » Thomassin avait protesté. Les voix ne lui donnaient jamais d'ordre, elles ressemblaient plutôt à des murmures sans suite, qu'il comprenait comme des menaces. Mais chaque fois, c'était contre lui-même qu'il avait dirigé sa violence.

Un gendarme avait alors risqué une hypothèse. Et si, le matin du crime, Thomassin avait vécu une sorte de dédoublement ?

Son esprit serait resté chez lui, à la Grotte, mais son corps se serait rendu dans la poste. À cet instant, Thomassin avait senti le sol se soulever et s'ouvrir sous ses pieds. On le croyait vraiment capable de ça, tuer une femme enceinte ? Pour la première fois de sa vie, il avait été touché au plus profond de lui-même. Pulvérisé. Les images s'étaient brouillées, il ne voyait plus qu'une lumière aveuglante. Qu'est-ce que c'était ? La lampe ? Non, c'était dans sa propre tête. Un seul mot l'emplissait tout entière : « coupable ». Les gendarmes devaient avoir raison, ils savaient mieux que lui. Il allait leur dire, tout s'arrêterait, chaque chose reviendrait à sa place. Le vertige avait duré quelques secondes. Soudain, il lui avait semblé revenir à lui : « C'est pas moi. Même éméché, je peux prendre des notes, rentrer à la maison. Je suis toujours là, présent. »

Thomassin se penche sur Corinne. « Et toi, tu me crois coupable ? J'ai besoin de voir ton amour dans tes yeux. » Gérald a toujours été parano, mais cette fois elle a l'impression qu'on lui a lavé le cerveau. « Ça l'a flingué, je ne l'ai pas retrouvé comme avant », elle dira à son frère. Une nuit, elle doit se lever, sortir pour échapper à ses mots. Il l'enferme dans la chambre. Elle saute par la fenêtre. Ça se termine à l'hôpital pour elle. Lui est poursuivi pour violences conjugales.

Retour à la rue. Thomassin plante sa tente derrière la gare de Rochefort en compagnie de deux rats et d'un rottweiler, pas loin de celle d'une petite Anglaise délurée, incapable de comprendre son français tellement il parle vite. Thomassin cherchait un coin tranquille pour s'injecter son Subutex. Il s'est assis là, il y est resté. Normalement, le « Sub » se prend en comprimés, mais lui le préfère en injection après l'avoir pilé.

Près de la gare, il y a six ou sept tentes, des hommes jeunes pour l'essentiel, tenue plutôt soignée, lunettes de soleil. Au centre-ville, rien ne les distingue des passants quand ils remontent la rue piétonne, flottant entre deux mondes, un œil sur les vitrines des magasins, l'autre sur l'horloge du téléphone portable pour ne pas rater la soupe au Secours populaire. Ils bougent par équipes, à trois ou quatre, pour se protéger entre eux. L'un a fugué à cause d'une fille rencontrée sur Internet. Bidon, la fille. Il est finalement resté à Rochefort. Il commence : « Mon problème, c'est mon enfance…

– Ta gueule », crient les autres.

Quand Thomassin arrive au Cabestan, un centre d'aide pour les sans-abri, il fait la bise à tout le monde, y compris aux travailleurs sociaux. « Poli et serviable, disent-ils de lui. Ce qui n'est pas toujours le cas. »

Au réfectoire d'une association, Thomassin mange à côté d'une très vieille dame, qui lui vante ses dons de médium. Aussitôt, il l'interroge sur l'affaire de la poste. Tout en sauçant l'huile de ses sardines, la vieille a une soudaine apparition : elle voit un rouquin, près d'un carreau cassé. À l'instant même, Thomassin appelle Tintin pour qu'il prévienne les gendarmes. En face, un homme le regarde en hochant la tête, mains à plat sur les genoux. « Je ne suis pas coupable, toi aussi tu me crois ? » s'emballe Thomassin. L'autre, en réalité, se fait du souci pour sa carte d'identité et son portable, planqués dans son caleçon. Ton désolé : « Je t'écoute pas vraiment, mon pote. Entre gens de la rue, tout le monde tient des discours à tout le monde. Il n'y a que ça à faire. J'ai l'habitude. Mais parle, te gêne pas, si ça te fait du bien. »

Deux autres, à côté, sont en train d'échanger leurs couteaux, c'est la mode en ce moment dans la rue. Tous portent une lame, sauf quelques-uns qui préfèrent un Taser ou un tournevis affûté, plus discret en cas de contrôle de police, mais moins pratique pour un sandwich. « Des SDF comme à la télé, il n'y en a plus qu'un ici : le Portugais », explique un géant frisé. Il est resté échoué en bordure de la gare, forme immobile sous une carapace d'odeurs et de crasse, mystérieusement obèse alors que personne ne le voit jamais manger.

Pour faire la manche, Thomassin a une place attitrée derrière Intermarché. Il s'estime très doué pour l'exercice. L'autre jour, il a croisé une cousine avec son caddie, qui lui a donné trente euros. Comme aux autres, l'acteur lui a dit : « Que Dieu te garde », en se frappant la poitrine. La nuit se termine du côté de la petite épicerie qui vend de l'alcool jusqu'à l'aube, seule vitrine éclairée dans la ville. Un gars en tenue complète de camouflage harponne un morceau de pizza flottant dans une huile orange fluorescente au fond d'un carton. La mer est là, toute proche, on la sent.

Sur sa page Facebook, Thomassin vient de trouver le message d'une jeune réalisatrice. Elle cherche « un visage marqué » pour son premier film. Un copain comédien lui a parlé de Thomassin. « On voit que la vie lui est passée dessus, il ne sait pas faire semblant : il ne joue pas, il vit ses rôles. » Évidemment, c'est toujours un risque de partir sur un film avec un type pareil. Est-ce qu'il va lire le scénario ? Est-ce qu'il sera là, jour après jour, sur le tournage ? Et, au fait, est-ce qu'il ne va pas se mettre à dealer sur le plateau ?

Thomassin hésite à prendre contact. Corinne le menace. S'il n'accepte pas, elle ne lui adresse plus jamais la parole. L'acteur n'a pas tourné depuis quatre ans, c'est la première fois qu'il traverse une période aussi longue hors des plateaux. Elle sait ce qu'il pense : encore un rôle de dingo, de paumé, de toxico. Le cinéma le renvoie sans cesse à son histoire, le confronte en permanence à ce qu'il est. Elle trouve qu'il y a quelque chose de monstrueux là-dedans, que c'est à la fois sa chance et son malheur.

Corinne a insisté pour organiser la rencontre chez elle, dans l'appartement du Petit Marseille. Ensemble, ils vont chercher la réalisatrice à la gare. Elle écoute l'acteur déclamer son scénario, à côté du piano de Corinne, surplombé d'un énorme crucifix offert par Thomassin. Quand les scènes deviennent dures, il fume une cigarette avant de repartir. La réalisatrice le trouve « bouleversant, le cœur sur la main », à la fois « pauvre et généreux », insistant pour l'héberger. Ils font des photos dans les rues. En la raccompagnant au train, Thomassin glisse un marteau dans sa poche. « En cas de besoin », il dit. Le tournage est prévu pour 2014.

28

Un temps, Tintin et Thomassin se sont envoyé des textos, parlant surtout de la météo « comme deux vieilles devant les caisses à Carrefour ». Thomassin écrivait : « Je suis dans ma tente, face à la mer, il fait beau », et signait d'un « Je t'aime ». Ça le choquait, Tintin, au début. Il le rabrouait : « On n'est pas aux Césars, ici. » Peu à peu, il s'était mis à croire en une amitié qui commençait à dire son nom. Lui aussi terminait ses messages par « Je t'aime ». Un rêve faisait tranquillement son chemin : il partirait rejoindre Thomassin à Rochefort. Dans le sillage de l'acteur, Tintin se sentait capable de quitter Montréal-la-Cluse.

Mais les textos de Thomassin se sont espacés. Son téléphone s'est mis à sonner dans le vide. D'ailleurs, il en a changé. Contact coupé.

Tintin continue de boire les mêmes bières, de tourner aux mêmes endroits, il a pourtant l'impression que tout le reste a changé. L'autre jour, dans un village voisin, le buraliste lui a demandé de ne plus revenir. « Tu fais fuir les clients, tu comprends. » Tintin a beuglé : « Vous me connaissez, non ? C'est toujours moi, le même, l'enfant du pays. » L'autre a secoué la tête, les yeux rivés sur le présentoir à briquets. Autour ça se moquait : « Alors, il est retourné à Hollywood, ton pote ? » Tintin voudrait travailler dans un élevage, il s'occuperait d'animaux. « Vous avez du piston ? » Ou bien il se ferait hospitaliser pour une cure antiaddiction, alcool, drogue, il peut faire l'une comme l'autre. « Choisissez pour moi », il lance, grand seigneur, aux services médicaux. En fait, il a déjà dépassé son quota de prise en charge ces derniers mois. Et une place en hôpital psychiatrique, ce serait possible ? Il peut y aller tout de suite, « rien de prévu en ce moment », il dit, « je suis dispo ». Maintenant, il a plus de quarante ans et l'affaire de la poste lui colle au corps. Elle commence à lui faire peur.

Cette fois, c'est la nuit, vers 3 ou 4 heures un samedi, sur le parking du complexe Paradis où se regroupent l'essentiel des terrains de sport à Montréal-la-Cluse. Des garçons traînent en groupe du côté des tennis municipaux, ça rigole dans un vent froid, on se relaie pour s'asseoir à tour de rôle dans une voiture qui fait office de petit salon, portières ouvertes. Quel âge peuvent-ils avoir ? Disons la vingtaine, presque tous vivent dans les HLM verts, en face, et travaillent dans le plastique, ou bien y travailleront. Ici, tout le monde y passe.

Encore et toujours, la conversation tourne autour de ce besoin vital, lancinant : la bagnole. Lyon ou Genève, tout paraît à côté, mais peu de bus fonctionnent et encore moins de trains. « Pour le McDo le plus proche, il faut monter à Oyonnax, huit kilomètres : il n'y a que le stop », râle un petit, avec un redoutable reste d'acné. Il vient de décrocher son permis de conduire du premier coup. « Quand mon père a su la nouvelle, il m'a pris contre lui. Je ne l'avais jamais vu comme ça. Il m'a tenu dans ses bras, je vous jure, les gars, dans ses bras. Il ne disait rien et il me serrait fort, je sentais son corps trembler tout entier. » Un autre, avec de très longs cils, commence une histoire : « Tu verras : la voiture, si elle te lâche, tu plonges direct, raide mort, pire que si c'était ta copine. Une fois, je me souviens… » À la lumière des phares, une silhouette se découpe soudain dans la nuit. Un homme, il est seul. « Regardez qui voilà. On va rigoler », reprend le petit à l'acné.

L'autre s'approche du groupe, main en visière pour atténuer l'éblouissement des phares.

« Salut, c'est moi, Tintin, alcoolique free-lance. »

Ça commence à glousser. À sa façon, Tintin est une vedette des HLM verts, on le connaît depuis tout petit. Il demande une cigarette, davantage pour parler que pour fumer.

« À condition que tu nous racontes tes aventures de quand tu étais jeune », dit un gars, assis à la place du conducteur.

Et Tintin démarre. Le cambriolage d'un garage en bas de son bâtiment, mais en se trompant de garage et en dévalisant un copain, c'était lui. L'incendie de l'entrepôt municipal, c'était encore lui. Il s'était laissé embarquer par un pompier volontaire qui rêvait de passer à la télé dans une émission sur les héros. Le plan était simple : Tintin devait discrètement allumer le feu au bâtiment, tandis que l'autre, déjà équipé, arriverait aussitôt pour terrasser les flammes. Tintin viendrait à la rescousse. Qui sait ? Il toucherait peut-être quelque chose lui aussi. Le pompier avait été félicité par le maire, cité au discours du 14 Juillet. Son dossier pour la médaille du Courage était en bonne voie quand la gendarmerie avait fini par lui tomber dessus. Tintin se marre, « presque fier », relève un blond avec une casquette. On lui passe une autre cigarette. « Et l'homme au sabre qui tournait dans le quartier, ça vous dit quelque chose ? continue Tintin. C'était moi aussi. » Il voulait se venger d'une arnaque, un truc de drogue, trop long à expliquer. On se tait un moment, la flamme courte d'un briquet claque dans la nuit. Tintin peut raconter ce qu'il veut, il garde la cote, « le garnement du quartier qui faisait toutes les conneries », selon le maire, Lilou Morosi. Personne n'aurait l'idée d'avoir peur de lui. Un jeune finit par lui demander : « Toi qui connais tout, qui a fait le meurtre à l'agence postale ? »

Aznavour vient d'entamer « Que c'est triste Venise » sur l'autoradio de la voiture, le vent secoue les arbres de plus en plus fort.

« À ce moment-là, on a vu Tintin bugger. Il a changé de sujet, sans même regarder celui qui lui avait posé la question et il est parti. »

Juste après le meurtre, Tintin avait fanfaronné pendant ses premiers interrogatoires, à la brigade, en mars 2009. Il avait proposé son aide aux gendarmes pour trouver le « vrai coupable », prêt à participer à des battues, ou à tout ce qu'on voulait. « Quand je saurai qui est l'auteur, je vous le ramènerai entre quatre planches, un enfant de pute, il faut l'abattre, la peine de mort. » Il avait adoré ces moments-là. Et puis, d'un coup, il s'était senti basculer de héros à complice. Il n'arrive toujours pas à comprendre ce qui s'est passé.

La nostalgie lui vient de ces deux années passées entre Rambouille et Thomassin, le temps des Dalton, où il traversait la vie sur un tapis volant. Mais est-ce qu'ils se connaissaient si bien que ça, au fond ? Maintenant que Thomassin ne répond plus, lui aussi refait ses calculs : Gérald et son fameux couteau, Gérald et les dames du cimetière, Gérald quittant Montréal en catastrophe. Il y avait eu cette soirée aussi, quand il leur avait proposé de faire « un truc », un genre de braquage. Avec le recul, de quoi parlait-il vraiment ? Tintin n'y pense pas tous les jours, mais presque.

Il tourne en rond, les rares coups de sonnette le font sursauter. « Ça y est ! Les gendarmes ! Ils viennent me mettre les pinces. » Ce sont parfois eux d'ailleurs, sous un prétexte ou un autre, ils ont baptisé Tintin « notre vieux client ». Il les accueille d'une grimace. « Vous finirez par être mes derniers potes. Vous êtes sympas, rien à dire. » La brigade a recueilli le témoignage du chaudronnier, suscité par Raymond Burgod.

Cette nouvelle piste ne tient pas, ils le savent. Certains enquêteurs y voient pourtant la confirmation d'une ambiance, ou d'un malaise plutôt, l'impression d'être embourbé dans un petit marécage local, imbibé d'alcool, de drogue et d'embrouilles, où tout le monde paraît en savoir long, mais d'où rien ne sort finalement. Si ça se trouve, la solution est là, au bord du lac, à leur portée. Il suffirait qu'un seul d'entre eux se mette à table pour que l'affaire éclate.

Tintin dit aux gendarmes qu'il doit leur révéler une chose dont il ne leur a jamais parlé. On est en février 2012, plus de trois ans après le crime. Le thermomètre a dégringolé autour des moins vingt. Dehors, sous la ligne hautaine des montagnes, le froid a tout vitrifié dans le ciel et sur la terre. Certaines routes sont impraticables, des familles entières sont hébergées dans des hôtels. Au bord du lac pris dans la glace, un petit garçon et son chien zigzaguent avec précaution sur l'étendue immaculée, deux mouches dans un verre de lait. Tintin est entendu à la brigade.

Il raconte cette soirée à la Grotte, quelques mois avant le meurtre de Catherine Burgod, où Thomassin s'était mis à parler de « faire une connerie ». Ça discutait de tout et de rien, ça buvait l'apéro, les trois sur le canapé, comme toujours. À un moment, Thomassin avait ouvert la porte d'une sorte de meuble télé et sorti la moitié d'un bas noir, fermé d'un nœud à une extrémité. Il l'avait enfilé sur sa tête. Son visage s'était affaissé, le nez et la bouche s'écrasaient. Tous s'étaient mis à rire. Ce qu'il comptait faire avec ce déguisement ? Il n'était pas question de braquage, ni de poste, ni de banque. L'acteur avait mimé un rodéo à moto, un fusil à pompe, une action autour d'un distributeur de billets. Finalement, il avait sorti son couteau, toujours le même, celui qui ne quittait pas sa banane. Plus jeune, Tintin avait déjà fait de la prison, pas beaucoup mais quand même. Il ne comptait pas récidiver. Ou alors, s'il s'agissait de « faire une connerie », il était assez grand pour s'en charger tout seul, besoin de personne, et surtout pas de Thomassin. Il le lui avait dit. L'acteur avait retiré le bas de son visage, puis soupiré : « C'est toujours moi qui ai les meilleures idées. »

« Pour en terminer, dit Tintin aux gendarmes, je pense toujours que Gérald n'est pas l'auteur de ce meurtre, je ne l'ai jamais vu agressif. Par contre, je pense, ou je peux imaginer, qu'il sait quelque chose et qu'il n'ose pas ou ne peut pas en parler par peur de représailles. C'est à cause de l'accumulation de petites choses qu'il a faites et qui sont incompréhensibles. »

29

Les gendarmes cherchent Rambouille et finissent par le trouver à Lyon, naviguant entre la rue et Notre-Dame des Sans-Abri, la plus grande association locale d'urgence et d'insertion, où il suit une formation en menuiserie. Ils veulent la confirmation de cette histoire de braquage que Tintin leur a racontée. Rambouille approuve : « Thomassin manquait véritablement d'argent, il était prêt à faire une connerie. » Avec le temps et l'éloignement, la conviction de Rambouille a définitivement basculé : il est sûr maintenant que l'acteur est « coupable à cent pour cent ».

Le témoignage des deux hommes a ravivé l'enquête. Jusqu'à présent, les gendarmes évoquaient surtout des « soupçons contre le dénommé Thomassin Gérald » : son attitude leur avait semblé « ambiguë », « parfois incohérente », « *faisant penser qu'à défaut d'avoir commis directement les faits, il en connaît les auteurs ou s'est trouvé impliqué d'une quelconque manière* ». Mais sans aveux, sans témoin, sans ADN, rien ne leur permettait de faire un pas de plus dans la procédure pour l'envoyer en garde à vue, a fortiori le mettre en examen.

Cette fois, ils entrevoient une possibilité de lancer une nouvelle opération ciblant l'acteur comme un « objectif » prioritaire.

Dans un rapport à l'intention du juge d'instruction, les hommes de la section de recherches récapitulent les éléments à charge, selon eux :

- Il habite près de la poste : « Il pouvait être sur place ou quitter les lieux en moins d'une minute. »
- Il connaît les lieux et la victime, « qui a pu de ce fait l'identifier ».
- Il n'a pas d'alibi vérifiable, « sinon d'avoir dormi ».
- La proposition de braquage, le couteau disparu.
- Rambouille « le sent capable de commettre l'acte ».
- Il a « un passé de toxicomane alcoolique ».
- Il a quitté l'enterrement avant la fin.
- Deux témoins le croisent au cimetière, il décrit la manière dont le crime se serait passé.
- Il désigne la victime par son surnom, Kathy. « Il se place ainsi, aux yeux des autres, dans le camp des gens qui compatissent intimement au sort de la victime. Le cas classique d'un "auteur affectueux" envers sa victime comme une façon de se déresponsabiliser n'est pas à exclure. »
- Des violences contre son ex-amie Corinne.
- Il est « aux abois financièrement. Il est évident que sa dépendance alcoolique l'oblige à trouver des solutions ».
- Une « enfance certainement difficile », « sa mère menait une vie dépravée ».
- Un lien à la mort particulier : il a des attirances morbides avérées qu'il reconnaît volontiers pour les cimetières.

Dans le même rapport, le métier d'acteur de Thomassin a pris lui aussi un poids nouveau, devenu une sorte de casier judiciaire.

« Acteur, Thomassin présente une filmographie dont le dernier film de 2007 est sombre (*Le Premier Venu*). Il y tient un rôle principal d'homme marginal, écorché, entraînant une jeune fille dans son monde. *Une scène tragique où il agresse un homme à l'aide d'un couteau est très frappante* et n'est pas sans rapport éventuel avec le meurtre de Mme Burgod. Il a également tourné dans des films, où il est question de diable et de monde paranormal. *Cette expérience d'acteur,* qui plus est reconnu bien que progressivement déchu, représente sans nul doute *une capacité à tenir un rôle, à composer, à se dédoubler,* supérieure à toute autre personne. Thomassin est rodé à *entrer dans la peau* même fictivement d'un autre. Il a pu tenir ce rôle du meurtrier et s'en extraire en se persuadant ensuite que ce n'est pas lui qui a agi. Lorsqu'il s'adresse aux deux témoins du cimetière, Thomassin évoque la scène du meurtre en employant le pronom "IL". Ce "*il avait de l'argent, il n'avait pas besoin de la tuer ensuite*" ressemble à une interrogation qui pourrait lui être toute personnelle alors même qu'*il n'est pas censé savoir que l'auteur des faits s'est d'abord emparé de l'argent avant de tuer sa victime.* »

Au printemps 2013, le feu vert est donné pour une nouvelle « opération Thomassin » à Rochefort. Le procédé est un grand classique des méthodes policières : il consiste à donner un coup de pied dans la fourmilière pour déclencher un affolement général, et donc d'éventuels faux pas ou révélations.

Concrètement, ça se passe en deux temps. Phase 1 : on pose des écoutes sur l'« objectif » et son entourage. Phase 2, quelques semaines plus tard : on leur annonce qu'ils vont à nouveau être entendus. Embusqués derrière leur matériel, les enquêteurs observent alors les réactions.

Au début, les gendarmes ont l'impression de tourner en rond. Enregistrées à partir du 30 mars 2013, aucune des 1 230 conversations de l'acteur ne concerne l'enquête. La vie de ses chiens Terror, un rottweiler, puis Titan, un malinois de quatre mois, semble y occuper plus de place que la sienne. Son existence à lui s'est remise à tourner en cercles concentriques : trouver du Subutex, penser au prochain film, essayer de récupérer Corinne. Il lui a promis : « Cette histoire, elle a bouffé notre relation. Je vais me relever. »

L'étape suivante de l'« opération Thomassin » est prévue en juin 2013 : un major appellera alors l'acteur pour une nouvelle convocation.

Quatre ans et demi plus tard, le crime de la poste est en train de rattraper Thomassin.

30

C'est le 18 juin 2013, église Saint-Sauveur près du Vieux Port à La Rochelle, fin de matinée. Thomassin est agenouillé entre deux anges de pierre, tantôt priant, tantôt titillant un jeu en ligne sur son portable. Il a pris le train depuis Rochefort pour comparaître dans deux procès différents devant le tribunal de grande instance du secteur. La veille, il s'agissait de Terror, son rottweiler, qui a tué un caniche dans une rue de Rochefort et mordu sa maîtresse. L'audience vient de se terminer : deux mois avec sursis et cent cinq heures de travail d'intérêt général. À la fin, la greffière lui a demandé un autographe.

Cet après-midi, les poursuites concernent un couteau, trouvé sur Thomassin pendant un contrôle de police à la gare de Rochefort. Le procès ne lui paraît pas insurmontable non plus. Dans l'ordre des priorités, la distribution de sandwichs gratuits par l'association Escale à 11 h 45 passe largement en tête. Dehors, tombe une douce pluie d'été. Thomassin reprend le jeu sur son portable.

La sonnerie de son téléphone trouble soudain la splendeur pourpre et silencieuse des vitraux de Saint-Sauveur. Un major de la gendarmerie lui annonce qu'il va à nouveau être entendu dans l'affaire de la poste. La date de son audition tombe bientôt, le 26 juin 2013, dans moins d'une semaine. Une équipe de la section de recherches se déplacera spécialement de Lyon pour l'entendre.

La deuxième phase de l'opération vient de s'enclencher. « À partir de cette convocation téléphonique, le comportement de Gérald Thomassin va peu à peu changer, signale une note de la gendarmerie. Au fil des jours et des communications, on a senti monter son inquiétude. Il devient irritable. »

Le lendemain, Corinne appelle Thomassin à son tour : elle aussi a été convoquée pour une audition, programmée deux jours avant la sienne. Ils discutent longuement au téléphone.

« Le major de Lyon, lui, il te demandera pas d'autographe, elle lance. Moi je pense que c'est parce que tu as été arrêté avec un couteau. Ça remue l'affaire.

– Moi je m'en tape, j'ai rien fait là-bas. Je leur ai déjà expliqué que je m'en étais mal sorti de cette histoire, que même toi, tu ne m'avais pas reconnu à l'époque. Si ça se trouve, ils ont trouvé qui c'était.

– Ils n'ont pas trouvé, sinon ils ne viendraient pas te chercher.

– Si ç'avait été moi, franchement, je serais resté quand le père des enfants est venu me frapper et me menacer. Mais je veux pas me faire buter à la place d'un autre, merde, quoi. Ça commence à me faire chier. Je sais que j'ai rien fait. J'aurais même pas dû revenir te voir après Montréal, j'aurais dû rentrer direct vers Paris.

– Écoute, on peut pas revenir en arrière, donc dis pas ça, ça sert à rien.

– T'étais plus amoureuse de moi, voilà. »

Les mots fusent, au ras de la dispute. On la sent gronder, ce n'est plus qu'une question de secondes. Et puis non. Ils finissent par raccrocher, étonnés eux-mêmes d'y avoir échappé.

Une semaine plus tard, Corinne sort de la gendarmerie après son audition. Rien de neuf, les mêmes questions sur Thomassin pendant deux heures. Elle ne l'a jamais cru capable du meurtre, et surtout pour quel mobile ? Quand il a besoin d'argent, jamais de grosses sommes, il le demande autour de lui, y compris à elle. Ou bien il fait la manche. Corinne a hâte de tout lui raconter. Mais cette fois, c'est lui qui refuse de parler de l'affaire. Elle lui a assez reproché de lui mettre la pression avec ça. Alors, il s'obstine à lui décrire une engueulade avec un jeune type qu'il hébergeait et qui lui a manqué de respect. Cette fois, la dispute démarre.

Quand il raccroche, l'acteur est seul avec son chien dans le nouveau studio que lui a débloqué le service social de Rochefort. « Son moteur était de redevenir acteur, se souvient une responsable. Il est intelligent, très avenant contrairement à certains qui sont agressifs. Il sait adapter son comportement. Il donnait l'impression de s'en sortir. » Thomassin consulte un psy. Il a promis de se faire soigner les dents, la jeune réalisatrice le lui a demandé. Le tournage commencera en 2014 sans doute. Ce soir-là, il devrait aller se coucher en attendant d'être entendu lui aussi à la gendarmerie. Tout simplement. Mais « simplement » n'existe pas dans le monde de Thomassin. Il se concocte une cuite méthodique : des canettes d'abord, celles qui lui restent, suivies de deux bouteilles d'alcool médical à soixante-dix degrés achetées à crédit à la pharmacie Colbert, mélangées à de l'eau sucrée, le cocktail le plus radical et le moins cher du marché. Puis il se met à appeler les frères Bonaventure, ses vieux copains de la Ddass. Leurs répondeurs moulinent dans le vide. À partir de là, les enquêteurs assistent à un crash en direct.

À 22 h 19, l'acteur tente le portable du major de gendarmerie lui-même. Il veut être entendu, et immédiatement. « Je suis innocent », il répète. L'alcool semble suinter du téléphone. Le major demeure imperturbable : il l'entendra dans deux jours, comme prévu. Puis il contacte Sam, le frère de Corinne. La conversation patine.

Minuit. Cette fois, Thomassin compose le numéro de Jérôme. Lui, c'est son petit frère. Ils précisent toujours : « Même père même mère même sang. » Inutile de le dire, en fait. Physiquement, ils se sont longtemps ressemblé de manière saisissante, des presque jumeaux, même si Jérôme est un peu plus brun. Enfants, ils ont été placés dans une famille d'accueil, chez la mère Picolo, à Couilly-Pont-aux-Dames. Gérald avait six ans, Jérôme cinq. Longtemps, la date de leur arrivée est la seule chose qu'ils réussissaient à en dire : le 31 juillet 1981, à 11 heures du matin. La mère Picolo est celle qu'il ne faut pas nommer. « On serait morts si on avait parlé, surtout aux éducateurs qui venaient faire le contrôle », dit Thomassin. Il ne la mentionne jamais, ou alors très vite, baissant la voix comme si sa seule évocation pouvait la faire surgir. Le ton est toujours celui de la blague. Il ne dit pas : « Chez la mère Picolo, son fils nous obligeait à faire des fellations, nous avons été violés. » Il dit : « Moi, j'ai été dépucelé à huit ans. » Il y avait le martinet aussi. Le manche à balai et lui à genoux dessus pendant des heures. Les combats organisés entre frères par la mère Picolo où il faut rester debout, en sang, jusqu'à la fin. Aller aux toilettes n'est pas toujours autorisé, à l'école non plus. L'un dort à la cave, l'autre dans un placard. Ils font le ménage, les travaux, la merde des chiens. On les nourrit à la

« panade », du pain dans de l'eau, saupoudré de chocolat. Ils ont faim, ils mangent en cachette dans la poubelle. Gérald vole de la nourriture pour son frère et lui. Quand il fugue, les gendarmes le ramènent et la mère Picolo porte plainte à la Ddass.

Au bout de sept ans, Jérôme part dans une famille d'accueil du Sud-Ouest et Gérald en foyer, près de Paris, avec les Bonaventure. Les frères Thomassin se sont revus à leur majorité. Un saisissement. Jérôme, le benjamin, avait un boulot dans la restauration, déjà marié, des enfants, une solide carrure gagnée au rugby. Gérald avait gardé sa dégaine de petit clochard mal nourri et le cinéma français l'avait sacré jeune prodige. « Il a toujours eu une longueur d'avance sur Jérôme, y compris dans la merde », rigole Philippe Bonaventure. Brutalement séparés, les deux frères se cherchent sans cesse et se battent dès qu'ils se voient.

Ce soir de juin 2013, Gérald appelle Jérôme en pleine nuit. Il décroche.

« Ouais, Jérôme, c'est moi.

– T'as vu quelle heure il est, Gérald ?

– Ouais, je sais, je sais, je sais, je sais, je sais, je sais, j'suis au courant. Il y a les gendarmes de Lyon qui sont revenus sur Rochefort.

– Et alors ?

– Ils ont interrogé Corinne à 17 heures aujourd'hui.

– Ouais.

– Et je vais les voir, là ce soir, pour leur dire que c'est moi qui ai assassiné la dame.

– Mais pourquoi ?

– Je suis pas coupable, mais t'inquiète. Donc j'ai laissé mon chien dans la salle de bains.

– Attends, qu'est-ce que tu racontes, là ? Pourquoi tu vas leur dire que t'as été assassiner la femme, t'es con ou quoi ?

– Comme ça, je saurai la vraie histoire.

– N'importe quoi. T'as bu toi ou quoi ce soir ?

– Bon bref, je pars ce soir, je vais à la gendarmerie maintenant pour qu'on arrête de me casser les couilles, après comme ça, je saurai peut-être où ils en sont, quoi…

– Ils ne vont pas te dire où ils en sont, ils en savent rien, justement.

– Et après, ils arrêtent de m'emmerder, ça m'a bousillé, Jérôme, tu sais même pas à quel point.

– Ils savent très bien que c'est pas toi de toute manière, donc ça sert à rien.

– Si, c'est moi, c'est moi qui l'ai tuée, t'as pas compris ? J'ai traversé en face de chez moi, j'ai pris trois mille euros, je l'ai tuée, je suis rentré chez moi, j'ai regardé *Magnum* à la télé et ils reviennent me casser les couilles cinq ans après.

– Arrête un peu… Pour prendre trois sous, que tu pouvais récupérer ailleurs si tu voulais. T'avais juste à demander à quelqu'un qu'il t'en prête.

– Non, non, t'as pas compris. Mon esprit était dans la poste. Euh, non. Mon esprit était chez moi et mon corps était dans la poste. C'est moi qui l'ai fait.

– Tu vas dire un gros mensonge et encore te mettre dans des emmerdes, là où t'en as pas besoin.

– J'en sais rien, moi, c'est toi, c'est moi. Je sais que je l'ai fait. Maintenant, quand je le crie, on ne me croit pas. Qu'on arrête de m'emmerder, quoi.

– Et ils ne vont rien te dire de plus, Gérald. T'es un témoin.

– Je suis pas témoin, j'étais pas là.

– Et voilà, t'étais même pas là. Ils veulent juste peut-être avoir plus d'informations.

– Non, tu sais quoi, quand on te sort à l'époque : "Votre esprit était peut-être chez vous mais votre corps était peut-être à la poste", eh ben tu sais quoi ? C'est vrai, je vais leur dire la vérité, je vais leur dire que c'est moi qui ai fait ça.

– Je serais toi, tu sais quoi ? Je dormirais cette nuit et demain j'aurais les idées claires.

– Il faut leur dire, c'est des incapables, ils ne savent même pas qui et quoi.

– C'est pas non plus des dieux, laisse-les faire leur boulot, attends, Gérald.

– Ils font que dalle, ça fait cinq ans. J'ai besoin de savoir pourquoi on continue à me casser les couilles.

– T'habitais en face, je suis sûr qu'ils ont été voir tes anciens voisins. Toi t'es parti à Rochefort, donc ils viennent te voir à Rochefort.

– C'est normal, ils m'ont laissé l'autorisation de partir, sinon je me faisais buter à la place d'un autre, non, à la place de moi… quoi… donc… euh… Maintenant je vais prendre mes responsabilités.

– T'aimes bien t'attirer des histoires.

– Quand t'as fait une bêtise…

– Ben t'as fait une bêtise de quoi ? T'es pas capable de tuer une mouche, tu vas me dire que tu vas tuer une femme ? T'es pas capable. Alors arrête un peu, tu y aurais même pas pensé dans ta tête, à le faire. Attends. (*Ils parlent en même temps.*) Si tu étais vraiment un assassin pour ça, tu ferais pas la manche. Réfléchis un peu, ça marche pas avec moi. Alors j'espère que tu t'es pas amusé à téléphoner à cent cinquante millions de personnes pour dire que c'était toi. Les gens y parlent beaucoup, hein.

– Je m'en tape. Je vais me faire un shoot de Subutex et je vais à la gendarmerie.

– Mais ils vont…

– COMME ÇA, JE SAURAI SI C'EST MOI OU PAS.

– Mmm…

– P'tain, il y a une chose que je voulais te demander, au fait, frère. Tu m'as pris pour un débile ?

– Mais non, bien sûr, là t'es en train de déconner, t'es en train de débloquer à fond, tu m'appelles à minuit, minuit vingt pour me dire que tu as tué quelqu'un, mais t'es con ou quoi ?

– Minuit vingt-deux.

– Ouais, minuit vingt-deux ou minuit vingt-six si tu veux.

– Autant leur dire qui est le coupable.

– T'es pas coupable. Mais vas-y, écoute, tu sais ce que tu fais, Gérald ? T'es grand, t'as trente-neuf ans, tu vas à la gendarmerie.

– J'SUIS VÉNÈRE : ILS ME RECASSENT LES COUILLES, CINQ ANS APRÈS.

– Ouais, je sais pas comment tu fais, Gérald. Moi, ça fait vingt-cinq ans que je vis en Ariège, j'ai jamais eu de problème avec personne.

– Ouais, ouais, moi non plus.

– Chaque fois que tu vas quelque part, il y a un problème. Réfléchis un peu.

– C'est normal.

– Essaie de vivre comme tout le monde à Rochefort, bordel.

– Même toi, t'as douté. La preuve, tu m'as demandé si c'était pas moi.

– Je t'ai demandé ça parce que moi je savais très bien que c'était pas toi. Sur ce, je te fais un énorme bisou, il est plus de minuit, on n'appelle pas les gens à cette heure. Je te fais un énorme bisou.

– OOOOH…

– Et rappelle-moi demain quand tu seras plus clair.

– Excuse-moi, mon loulou, pardon de t'avoir dérangé, excuse-moi.

– Ciao. »

Le lendemain, Thomassin rappelle son frère pour s'excuser.

31

Avec le coup de téléphone capté par les écoutes, les enquêteurs sont persuadés que leurs investigations viennent de prendre un tournant. « L'attitude de Thomassin au cours de cette soirée démontre qu'il a pris la résolution de se livrer aux gendarmes et de reconnaître les faits. Cette détermination est d'ailleurs appuyée par le fait qu'il contacte successivement plusieurs de ses proches. Il a à cœur de les informer lui-même », explique un long rapport.

Formellement, la discussion entre les frères Thomassin ne constitue pas ce que la justice appelle des « aveux », encore moins des « aveux circonstanciés ». Ils n'ont pas été faits devant une autorité judiciaire et, surtout, ils ne dévoilent aucun élément connu du seul assassin ou des enquêteurs qui validerait sa présence sur la scène de crime. Thomassin s'obstine à répéter : « C'est moi qui l'ai tuée », sans précision matérielle. Il n'empêche. Ces écoutes paraissent aux enquêteurs un de ces éléments déterminants qu'ils guettaient depuis plus de cinq ans pour étayer l'hypothèse du braquage qui a mal tourné. Désormais, les recherches vont se concentrer sur ce scénario. L'acteur est devenu « l'objectif numéro 1 ».

Le 26 juin 2013, Thomassin est placé en garde à vue. Les questions commencent doucement, un tour de chauffe. Au bout de trois heures, les enquêteurs abordent le coup de fil entre les deux frères.

LES ENQUÊTEURS. Vous vous êtes épanché auprès de votre frère notamment. Qu'en est-il ?

GÉRALD THOMASSIN. C'est juste parce que ça me prenait la tête de me retrouver encore dans vos bureaux.

LES ENQUÊTEURS. En reconnaissant votre culpabilité, vous avez également reconnu le vol de la somme d'argent dérobée à l'agence postale. Qu'est devenu cet argent et avez-vous tué Mme Burgod pour ce seul motif ?

GÉRALD THOMASSIN. Non, devant Dieu, je promets que je n'ai jamais fait de mal à cette dame, et n'ai jamais eu cet argent. Je n'ai eu que des relations amicales avec cette dame, ça se passait très bien. En fait, cela me travaillait, c'est comme si j'étais un salopard, un pédophile qui fait du mal aux enfants.

LES ENQUÊTEURS. Monsieur Thomassin, vous avez crié haut et fort que c'est vous qui aviez tué la postière, que vous alliez le dire, vous avez pris des dispositions pour qu'on s'occupe de votre chien parce que vous alliez aller en prison. Vous ne vous êtes pas contenté de vous accuser seulement. De plus, vous le répétez à maintes reprises et vous êtes parfaitement décidé. Qu'en est-il ?

GÉRALD THOMASSIN. Déjà cela n'allait pas bien dans ma tête, à la suite déjà de la première fois. Tout cela et les accusations m'avaient marqué. Je dis ça pour affirmer, comme ça. J'avais peur que ça me retombe dessus à nouveau. Je savais que ça allait me remettre les boules cette histoire.

LES ENQUÊTEURS. Pourquoi ne pas simplement nier les faits, de manière sereine, si vous n'y êtes pour rien ?

GÉRALD THOMASSIN. C'est comme quand je fais un film, ça me touche. J'ai de l'empathie pour les gens malheureux. J'arrive à me mettre à la place de quelqu'un et je ressens les choses. Je suis pressé que vous arrêtiez cette ordure. En disant que c'est moi l'auteur, je me suis dit qu'on allait me lâcher. Vous me dites que cette attitude est curieuse, que j'ai craqué moins de deux jours avant d'avoir à vous rencontrer. J'avais peur que vous me posiez encore des questions bizarres et tout.

L'interrogatoire s'arrête à 13 h 50 pour reprendre à 16 h 05. Encore et encore, les enquêteurs reviennent sur la fameuse conversation.

GÉRALD THOMASSIN. Oui j'ai bien dit à mon frère que c'était moi pour en finir mais je lui ai aussi dit que ce n'était pas moi. J'étais content que mon frère m'ait tranquillisé en me disant d'arrêter mes conneries, parce que, finalement, je disais des conneries.

LES ENQUÊTEURS. Lorsque vous discutez avec votre frère, vous lui indiquez à un moment en vous accusant des faits, vous vous injuriez en indiquant : je suis ce fils de pute. Ces éléments rejoignent ce que vous faites depuis le début lorsque vous évoquez l'auteur des faits et que vous le qualifiez notamment de salopard. Avez-vous peur de l'image que vous risquez de donner si vous veniez à reconnaître les faits ?

GÉRALD THOMASSIN. Non, mon âme est propre, je n'ai pas de souci et je n'ai pas de problème avec ma conscience et avec ma mémoire.

LES ENQUÊTEURS. Avez-vous tué Mme Burgod ? Étiez-vous présent lors de l'agression de Mme Burgod ?

GÉRALD THOMASSIN. Non, je n'ai pas tué Mme Burgod. Je ne suis pas un assassin, je n'étais pas non plus présent lors de l'agression.

Le 29 juin 2013, Thomassin est transféré à Bourg-en-Bresse chez la juge d'instruction. De permanence au barreau de l'Ain, l'avocat Jean-Henri Laurent s'apprêtait à partir au cinéma quand il reçoit le coup de téléphone de la greffière : « C'est pour l'affaire de la postière. » Maître Laurent est commis d'office pour assister Thomassin. Le crime a eu lieu à moins de quatre kilomètres de son cabinet, et l'avocat avait toujours pris garde de s'en tenir éloigné. Trop de proximité, trop d'émotion. Le dossier vient de lui tomber dessus. Homme de culture, cinéphile averti, il doit être un des rares dans la procédure à avoir une idée de la filmographie de Thomassin avant de le rencontrer.

Dans le cabinet de la juge d'instruction, il le dévisage. « C'est intéressant un acteur, le type de personne qui s'accapare vite une situation, pense l'avocat. On lui demande de tenir un rôle, il le tient. On lui demande d'être une chaise, il devient une chaise. Surtout lui, un instinctif, qui plonge dans une situation et la vit sans aucun frein. » Il lui trouve la tête de « coupable idéal » : « Un gars qui n'est pas du coin, menant une vie de patachon. »

Thomassin est mis en examen pour vol avec arme et homicide volontaire contre Catherine Burgod, « avec cette circonstance que les faits ont été commis sur une personne chargée d'une mission de service public, en l'espèce une employée du point Poste et SNCF ». Peine encourue : la perpétuité.

Aussitôt, *Le Progrès* annonce l'arrestation, mais l'explique par une information fausse qui va jouer, au fil du temps, un rôle considérable : le suspect aurait été identifié grâce à son ADN. « Le meurtre de Catherine Burgod, responsable de l'agence postale du vieux Montréal, à Montréal-la-Cluse, vient peut-être de trouver son épilogue, avec l'arrestation d'un homme qui a été interpellé sur la base d'"indices graves et concordants", selon une source judiciaire. Une piste plus que sérieuse alors que l'enquête avait piétiné durant tant d'années, écrit le journal. L'ADN a fini par parler pour aboutir à l'interpellation de ce suspect, dont l'implication paraît sérieuse et dont le profil correspond à celui d'un braqueur. Il vient d'être placé en garde à vue pour être longuement interrogé sur sa présence ce jour-là sur les lieux du crime, mais il a nié fermement être l'auteur du meurtre. »

Dans les salles de rédaction, la rumeur de preuves génétiques contre l'acteur s'installe d'elle-même, d'abord reprise au conditionnel par France 3 ou *Le Parisien*. Rapidement, elle devient virale sur Internet. Peu à peu, d'articles en émissions, les précautions d'usage s'estompent, une ambiance s'installe malgré les démentis de son avocat. La prudence fait place aux affirmations pour évoquer l'acteur du *Petit Criminel*, « un film dont le titre résonne tragiquement aujourd'hui », écrit un hebdomadaire. « Très vite, les soupçons s'étaient portés sur un groupe de marginaux résidant juste en face de l'agence, dont Gérald Thomassin faisait partie. Aujourd'hui, l'homme vient d'être confronté avec son ADN sur la scène de crime ».

32

À l'Ehpad de Nantua, *Le Progrès* circule de main en main avec son gros titre : « Arrestation du meurtrier présumé de la postière ». Des visiteurs s'avancent en procession vers la chambre de Raymond Burgod, impatients de l'entendre raconter l'incroyable rebondissement : l'ancien secrétaire de mairie a toujours été bon conteur. Ses cheveux blancs sont soigneusement peignés, raie sur le côté, cravate et sourire : le Burgod d'autrefois est de retour.

D'autres continuent d'arriver, voilà même Colette Ducrozet, qui pourtant ne bouge presque plus de chez elle. Amie fidèle de la famille, elle avait été une « mère de substitution » pour Catherine Burgod. C'est elle aussi, aux côtés de son père, qui l'avait pressée d'accepter cet emploi à l'agence du vieux Montréal. Colette Ducrozet avait occupé le poste trente-cinq ans durant et venait de prendre sa retraite, quand Burgod lui avait demandé : « Pensez-vous que Kathy sera capable de tenir le bureau ? » Elle s'était exclamée : « Moi, je l'ai bien fait et je n'ai pas le certificat d'études. » Colette Ducrozet s'était sentie fière d'avoir la fille du secrétaire de mairie pour successeure.

À son époque, l'agence était installée au même endroit près de la fontaine, mais au premier étage. La vie entière du bourg se pressait alors au guichet, en cohue respectueuse. Les mandats, les télégrammes, le téléphone, mais aussi toutes les démarches – Sécurité sociale, électricité ou crédits – passaient alors par la Poste. Les gens n'avaient pas forcément fréquenté l'école, ou alors pas longtemps. Colette Ducrozet, elle, savait. Siégeant dans une odeur d'encre et de soupe – son appartement était juste derrière la porte –, elle débrouillait les procédures et les formulaires. L'attente pouvait durer des heures. Dès qu'il s'agissait d'argent liquide, elle entraînait les gens dans sa cuisine, « pour ne pas faire ça devant tout le monde ». Là, on apercevait le poêle à sciure et le lit du ménage, tapi au fond d'une sorte d'alcôve. Le coffre était installé à côté. Une fine mouche, disait-on, qui avait fini par en connaître davantage sur les habitants du bourg que le curé ou le maire.

Colette Ducrozet venait de Saint-Genis-sur-Menthon, vers Mâcon, une ferme reculée dont elle avait dû partir avec son mari, emportant leur lit ficelé sur une camionnette, lorsque le propriétaire avait décidé de la vendre. Un jour, par hasard, ils étaient repassés devant, en rentrant de vacances. Elle avait dit à son mari : « Roule doucement, Jean, pour voir. » Il avait ralenti. La bâtisse n'avait pas changé, mais elle leur semblait sortie d'un songe. Avaient-ils vraiment vécu là, avec les deux vaches, le dindon, le baquet pour se laver ? Ceux qu'ils étaient alors leur paraissaient soudain des étrangers. Elle avait dit : « Accélère, Jean. » Elle avait hâte de retrouver Montréal-la-Cluse et le bourdonnement joyeux de la Plastic Vallée.

Son braquage à elle avait eu lieu dans les années 80. Une équipe de jeunes gens masqués l'avait ligotée sur son fauteuil derrière le guichet. Il se trouve que les cloches s'étaient alors mises à sonner à toute volée, Colette Ducrozet s'était vue morte dans son cercueil, à l'ombre bleutée de la petite église. En face, le café Mercier faisait encore café : un père de famille, attablé ce jour-là, avait bruyamment proposé de couper le cou aux voleurs. Le lendemain, il apprenait que son fils en faisait partie. L'enquête n'avait pas traîné, en effet : il s'agissait de cinq enfants du village, qui avaient fêté l'affaire le soir même en buvant du champagne au bord du lac. Ils projetaient de partir en vacances avec l'argent de la caisse.

Des années plus tard, un monsieur était venu acheter des timbres à Colette Ducrozet. Il lui avait demandé : « Vous ne me reconnaissez pas ? » Elle avait secoué la tête. Il avait insisté : « Pas possible ! Moi, je pense souvent à vous. » Il avait donné son nom : il était un des cinq. « Je me suis rangé, je me suis marié, j'ai une fille. » Il n'aurait pas pu prononcer les mots « je m'excuse », mais c'est comme si elle les avait entendus.

À la maison de retraite, l'ancienne postière embrasse son vieil ami Burgod. Ils n'ont pas besoin de se le dire, ils pensent la même chose. Enfin, on tient l'assassin ! Lui reste prudent : « J'espère qu'on a arrêté le vrai coupable. Je ne voudrais évidemment pas qu'on condamne un innocent. Mais s'il y a des preuves suffisantes, ce serait un soulagement. »

33

Thomassin – numéro d'écrou 120006 – a été surnommé « le mort » à la maison d'arrêt de Lyon-Corbas. « Ici, on n'aime pas les pédophiles et les tueurs de femmes », lui a dit un détenu dans la cour de promenade. Certains l'ont menacé de « le faire boulette » : on le jette à terre, puis on l'envoie rouler à coups de pied dans un cercle, comme une balle. Thomassin ne sort plus de sa cellule. « Alors ? T'as peur, l'acteur ? » crie un prisonnier, en frappant à grands coups contre sa porte. Dans la coursive, il entend les surveillants discuter d'une voix volontairement sonore. « De toute façon, il passera sa vie ici. » L'autre jour, l'un d'eux lui a lancé un numéro du *Nouveau Détective*. Sa photo éclate à la une sous le titre : « Il reçoit un César, puis tue une femme enceinte : le jeune acteur aux mains sanglantes. »

Cela fait quelques semaines que Thomassin est emprisonné quand Marie de Laubier le contacte. Elle est directrice de casting, réalisatrice et scripte. Le coup de téléphone d'une journaliste de télé l'a mise au courant de l'affaire par hasard : « Vous connaissez l'acteur Gérald Thomassin ? Il est accusé d'avoir assassiné une postière dans un village de l'Ain. » L'armoire à souvenirs dégringole sur la tête de Marie de Laubier. *Le Petit Criminel* était leur premier tournage à tous les deux. Il avait quinze ans, elle vingt-neuf.

Sur le plateau, elle était notamment chargée de lui faire répéter son texte chaque soir pour les scènes du lendemain.

Ils sont assis tous les deux au bord d'un lit, dans une chambre d'hôtel à Sète. Le garçon observe Marie de Laubier du coin de l'œil. Évidemment, elle va une nouvelle fois l'obliger à travailler et à se coucher tôt.

Il ronchonne : « C'est encore du par cœur ?

– Oui, c'est encore du par cœur. »

Thomassin préférerait s'acheter une mobylette avec l'argent du film et rentrer tout de suite frimer à Pantin, devant le HLM de sa mère. Ou au moins aller au jacuzzi de l'hôtel. Il lui fait franchement la gueule.

Marie de Laubier n'a aucune idée de l'homme que Thomassin est devenu vingt et quelques années plus tard. Elle n'a jamais mis les pieds à Montréal-la-Cluse, elle ne sait rien du crime de la poste et pas grand-chose du fonctionnement de la justice. Pas une de ces questions ne l'arrête. Pour elle, il est innocent, voilà tout. Elle lui écrit en détention.

La réponse arrive, avec le cachet de la prison de Lyon-Corbas, bâtiment 3, aile F, cellule 107 : « Marie, je suis heureux d'avoir de tes nouvelles, malheureusement j'aurais préféré que ce soit sur un trottoir de Paname ou sur un tournage. C'est bizarre, la vie. Dire que tu étais la dernière personne que je voulais voir à cause de ce satané texte. Même que je me la pétais à te faire la tête. J'en ai honte à présent. Enfin, pardon d'avoir été une peste sur le tournage avec toi, vraiment, vraiment, Marie. Hier, dimanche 8 septembre 2013, j'ai fêté mes 39 ans en prison. »

Les courriers de Thomassin se suivent, parfois de quelques jours seulement, des pages entières, où il proclame son innocence, avec, à l'appui, un plan de la Grotte tracé d'un stylo à bille appliqué.

Il a déposé plusieurs demandes de liberté provisoire, toutes refusées.

LETTRE DU 12 MARS 2014. « Aujourd'hui, je me suis pesé : 48 kg. »

Il est transféré au service psychiatrique, section pénitentiaire, de l'hôpital Vinatier.

LETTRE DU 30 JUIN 2014. « Je t'écris pour te demander si tu pouvais me dépanner de 50 ou 100 euros pour cantiner des cigarettes, du shampooing, un rasoir et des timbres aussi. Si tu peux Marie, c'est super. Bon je vais te laisser, c'est pas que je veux pas t'écrire, c'est que je n'ai pas grand-chose à raconter en étant ici, tu comprends. »

LETTRE DU 23 JUILLET 2014. « Tu sais quoi, ça fait un an au mois de juillet que j'ai pas touché une goutte !!! C'est bien non ? Mais c'est long, je me vois sur une chaise à une terrasse, ou dans l'herbe avec mon sac à dos. De la fraise, des verres en plastique, 6 Pelforth brunes en canettes ou en bouteilles, mettre de la fraise dans le verre et vider une canette dedans. Et là, GLOU, GLOU, GLOU. Ouais, pas mal, cool. Bon, j'arrête de blaguer. Comment vont tes enfants ? J'en ai marre, je leur crie mon innocence, ils sont sourds. Jacques Doillon va pouvoir venir me voir plus souvent, il m'a déjà acheté une PlayStation 2 et le jeu *Mafia*. Je lis Sœur Emmanuelle,

Vivre à quoi ça sert ? Merci Marie pour tout ce que tu fais pour moi, c'est vrai tu étais nullement obligée et pourtant. »

Cet été-là, Thomassin devait commencer le tournage de la jeune réalisatrice. Le projet a été abandonné.

LETTRE DU 3 AOÛT 2014. « Marie, si tu entends parler de film, je serai là, si tu bosses dessus ce serait cool, elle était bien notre équipe. »

Puis les envois de Thomassin s'espacent, chaque fois plus brefs. Il ne parle plus du dossier. En fait, il ne parle plus de rien.

25 DÉCEMBRE 2014. « Marie, joyeux Noël. Ici, les journées sont longues mais bizarrement les semaines passent vite. »

3 MARS 2015. « Je suis dégoûté, dans 4 mois cela fera 2 ans de prison malgré mon innocence. Les tournages, je ne sais plus, je n'y pense pas trop. »

Marie de Laubier reçoit juste quelques mots en avril 2015, d'une écriture si petite et tremblée qu'elle en est devenue à peine lisible. Sa dernière lettre : « Marie, je t'écris moins, presque plus, mais c'est pas parce que je fais la gueule, c'est le moral. »

Béatrice Dalle fait partie des quelques personnes qui se souviennent alors de Thomassin. Elle aussi a connu la came, la rue. Elle aussi a été touchée à la fois par la souillure et la lumière. L'actrice revoit la maison divine louée au Portugal pour le tournage de *Clubbed to Death*, de Yolande Zauberman, en 1995. Et, sur le toit de cette villa dans l'éclat du soleil couchant : Thomassin. Il a encore son tendre visage d'enfant, mais il danse, ivre mort, petit funambule boitant au bord du vide, pendant qu'une partie de l'équipe se marre en bas devant le spectacle. Dalle avait crié qu'il fallait le faire descendre tout de suite. Le temps du film, Thomassin était resté scotché à elle, dormant dans sa chambre. Elle avait l'impression d'avoir adopté un bébé labrador. De retour à Paris, l'actrice l'avait hébergé ici ou là. Il avait cogné à sa porte une nuit entière, la suppliant d'ouvrir, alors qu'elle n'y était pas. À cette époque, l'actrice n'était pas dans son meilleur état non plus. Ils s'étaient perdus de vue.

Béatrice Dalle appelle Éric Dupond-Moretti, avocat hors norme, un des plus grands pénalistes de sa génération. Dans les palais de justice, compter ses acquittements est devenu un sport : il en a obtenu plus de cent cinquante. Dupond-Moretti ne peut rien refuser à Béatrice Dalle, c'est lui qui le dit. Il met son cabinet sur le dossier, sans parler d'argent.

34

En se levant le matin, le premier geste de Raymond Burgod est d'aller ouvrir sa boîte aux lettres. Y a-t-il un courrier de maître Frémion lui annonçant le procès ? « Les assises, c'est ce qui me tient en vie », s'impatiente Burgod. Rien.

Il remonte au premier étage, en ravalant des jurons. Burgod a quitté l'Ehpad de Nantua pour un studio indépendant plus adapté, dans une résidence médicalisée : son appartement s'est transformé en une sorte de prolongement du dossier, voué à l'affaire du sol au plafond, bureau, imprimante, bibliothèque, photos et textes au mur. Lire des pièces d'instruction était jusque-là au-dessus de ses forces. Maintenant, il peut réciter des passages entiers de procès-verbaux, impossible de l'en arracher, il relève les noms, scrute les prises de vue anthropométriques. Si au moins il pouvait faire quelque chose, mais quoi ? Une fois, il avait été tenté d'appeler un témoin, juste pour entendre sa voix. Il tourne autour du téléphone, puis finit par se raisonner. L'idée de demander un permis de visite pour voir Thomassin en prison lui traverse l'esprit. « Peut-être qu'en face de moi il avouerait ? »

C'est en juillet 2015 que la nouvelle arrive : l'acteur est renvoyé devant les assises à Bourg-en-Bresse. Ne reste plus qu'à fixer la date. Burgod sent monter une fièvre, traversée de sentiments indémêlables. Cela fait près de sept ans et cinq juges d'instruction successifs qu'il attend ce moment. En tant que partie civile, il sera entendu au procès, il le sait, et se prend à réfléchir à la déposition qu'il fera devant les jurés. Dans son studio, il se lève, avançant par réflexe les deux mains devant lui, comme s'il saisissait la barre des témoins face à la cour. Doit-il parler de la mort de sa femme ? Quel portrait faire de sa fille Catherine ? Il se rassoit. Puis se dresse à nouveau. Il voudrait convoquer d'autres mots aussi, de ceux qui feront mal et qui blesseront. A-t-on le droit à l'audience de traiter quelqu'un de « connard », sans élever le ton bien sûr ?

Maître Frémion l'a déjà prévenu : la cour d'assises n'est pas forcément une marche triomphale pour les victimes ou leurs familles. Des jours durant, elles devront garder leur calme devant l'accusé, supporter les comptes-rendus d'autopsie, le déballage de leur propre intimité, les questions de la défense. Sans compter qu'un verdict n'est jamais prévisible, surtout pour un dossier comme celui-là, sur le fil. Ces précautions posées, Frémion n'en démord pas : Thomassin est dans le coup, forcément, il a participé ou en sait très long. Il le répète à Raymond Burgod, le martèle dans la presse locale, envoie des mémoires plus implacables que des réquisitoires, griffés de points d'exclamation : « Les deux amis de la vie de Thomassin, sa canette et son couteau, avec en plus de longues périodes de drogues diverses : gare à ceux qui se trouvent sur son chemin ! » Ou bien : « Il est temps que Thomassin, même s'il a été un peu acteur de cinéma, cesse de nous livrer des films !!! »

Six mois plus tard, alors que le procès ne semblait plus qu'un détail de calendrier, la procédure fait une pirouette. Éric Dupond-Moretti, l'avocat de Thomassin, a en effet interjeté appel contre le renvoi de l'acteur aux assises, mettant en avant le manque de preuves matérielles, ADN, butin ou témoins. Et voilà que, contre tous les pronostics, le renvoi aux assises est annulé en mars 2016 par la chambre de l'instruction de la cour d'appel de Lyon. Thomassin n'est pas hors de cause pour autant, il reste mis en examen. Mais, « attendu l'exceptionnelle gravité des faits », l'enquête est reprise à zéro et confiée à deux nouveaux juges d'instruction « expérimentés » afin de « porter un regard neuf sur l'affaire ». Ils ont carte blanche pour mener les investigations, une mesure très rare.

Mais ce n'est pas tout. Une des dispositions de l'arrêt a fait l'effet d'une gifle à maître Frémion, l'avocat de la famille Burgod : l'affaire est délocalisée de Bourg-en-Bresse, « son » tribunal, pour être désormais confiée à Lyon. « Ça veut dire quoi ? Qu'à Bourg on est incapable d'instruire une affaire ? Ils feraient mieux de laisser un jury populaire s'exprimer, s'emporte Frémion. Déjà, la décision de reprendre l'instruction est étrange. Que peut-on faire de plus au niveau de l'enquête ? Les magistrats bressans ont accompli un travail colossal. Délivrons donc un César du "meilleur espoir de commettre une erreur judiciaire" à la justice. »

L'arrivée de Dupond-Moretti dans le dossier avait déjà exaspéré Frémion, une vedette nationale débarquait sur ses terres. Il ne ratait pas une occasion de lancer : « Moi, en tout cas, je ne suis pas un vendeur d'acquittements. » Cette fois, difficile de penser que la réputation de Dupond-Moretti ne soit pour rien dans la décision de la chambre de l'instruction. Pendant l'enquête, Dupond-Moretti n'a assisté à aucun acte en personne, pas plus qu'il n'a rendu visite à Thomassin en prison, se faisant représenter par des collaborateurs, Benoît Cousin d'abord, puis Camille Radot. Son ombre portée sur la procédure a suffi : Dupond-Moretti joue tout aux assises, c'est sa manière de faire, les magistrats le connaissent. « On sait qu'il casse la porcelaine à l'audience, dit l'un. On n'avait aucune envie de se ridiculiser avec un dossier qu'il pourrait faire basculer vers un acquittement. » Même si les mentalités changent, un verdict d'innocence reste souvent perçu comme un désaveu de toute la machine judiciaire, le juge d'instruction qui a fait l'enquête et renvoyé l'accusé devant la cour, le procureur qui a suivi le dossier, l'avocat général qui a requis devant les assises, le président qui a conduit l'audience. Au moment des mutations et des promotions dans la magistrature, ce sont des choses qui comptent.

Devant Burgod, Frémion reconnaît que cette décision l'a sonné. « On ne va pas se mettre à genoux parce qu'on est trop fiers, mais on ne va pas se laisser faire non plus. On les aura. » Dans son journal, Burgod écrit : « Colère contre les puissants. Qui protège Thomassin ? » Il parle de lever cinq cents personnes pour protester devant le palais de justice. Il faut que son avocat le raisonne.

Le soir, au restaurant de la résidence, un autre fait divers occupe les conversations. L'ancien secrétaire de mairie se sent brusquement débordé. Il éclate contre la justice, sans arriver à se contenir. « Calmez-vous, monsieur Burgod », ont dû lui dire ses voisines. En remontant dans son studio, il allume sa télé. Ça fait plusieurs soirs qu'il compte regarder *Le Petit Criminel*. Cette fois, il se décide, il se sent fort, fouetté par la rage. Il lance la lecture du DVD. À l'écran, un Thomassin encore enfant apparaît dans le hall d'un HLM, tanguant de son pas étrange, tandis qu'au loin miaule un saxophone. Non. Il ne peut pas. Cette fois encore, Burgod appuie sur « stop ».

35

Pendant une nouvelle cure de désintoxication, Tintin a rencontré une femme. Elle habite une bâtisse ancienne avec des prés, des poneys, une piscine. Lui-même n'arrive pas y croire, tant de chance d'un coup qui lui tombe dessus sans prévenir. Il répète : « Il ne me manque que des dauphins pour être heureux. Même si on me paye, je ne reviendrai jamais à Montréal-la-Cluse. »

Et puis, un matin, on a vu Tintin traverser la voie de chemin de fer désaffectée et, aussi sûrement que s'il avait eu une longe autour du cou, remonter l'escalier jusqu'à son appartement dans les HLM verts. Tintin n'a jamais dit ce qui s'était passé dans la ferme aux poneys. Sans doute n'y avait-il rien à dire.

Même Rambouille lui manque maintenant. Il l'a appelé plusieurs fois à Lyon, mais l'autre ne répond plus. Tintin n'est pas rassuré : Rambouille est son alibi pour le matin du meurtre. Il a peur qu'il le lâche. Tous les deux s'étaient levés vers 8 h 30, Rambouille était sorti aussitôt prendre sa gamine chez son ex et l'emmener à l'école. Pour rien au monde il n'aurait raté ça, il en crevait de fierté de traverser le pré, la main de sa gosse dans la sienne. Des mères tapaient déjà du pied devant la grille d'entrée, on avait vu la fille de Catherine Burgod faire la cinquantaine de mètres qui la séparait de la petite poste et monter dans le car scolaire. Puis la cloche avait sonné à 9 heures, sans que quiconque ait rien remarqué de particulier. Trente minutes plus tard environ, Rambouille retrouvait Tintin, resté planté devant *30 millions d'amis* à la télé. Les sirènes avaient retenti. « Ces putains de sirènes. » Tintin les entend encore.

Maintenant, il s'affole : si Rambouille se volatilise, qui témoignera de son emploi du temps ? Depuis l'incarcération de Thomassin, il tremble d'être accusé de complicité.

Il finit par appeler à Lyon le foyer Notre-Dame des Sans-Abri, où Rambouille est pris en charge.

« Oui, il était chez nous, répond une bénévole.

– Était ? » panique Tintin.

Rambouille est mort le 21 décembre 2015. À l'association, on ne se souvient pas de tous ceux qui passent, mais on se souvient de lui, de sa prestance, de ses yeux bleu husky. On lui donnait le bon Dieu sans confession, à commencer par le président de la structure qui le recommandait chaudement à toutes les formations possibles, cuisine, soudure ou menuiserie. Les retours sur son travail se ressemblaient. Au début, il se donnait du mal pour briller, mais ses gestes s'étaient faits incertains, il le savait, l'héroïne flottait autour de lui. Il finissait par abandonner, un peu plus cassé qu'avant. Longtemps, il s'était battu pour sauver son image dans le miroir. On l'avait retrouvé mort dans un squat à Marseille.

Aux HLM verts, sous les fenêtres de Tintin, deux ou trois voitures sont garées. Des Ch'tis y dorment, descendus du Nord s'embaucher dans le plastique. Le secteur repart à la hausse. Si les contrats se confirment, ils chercheront quelque chose à louer.

Des gosses jouent au football entre les bâtiments, comme leurs pères avant eux, entre les deux mêmes arbres échevelés qui font office de but. Régulièrement, un ballon vient claquer contre les murs, on dirait les battements d'un tambour.

Tintin a maintenant une idée fixe. « Je suis le suivant. Les gendarmes vont me bouffer tout cru. » Il ne sort que très rarement, toujours seul, jamais longtemps, le visage esquinté, allez savoir comment. Il est pressé de remonter chez lui. Touiller une boîte de cassoulet. Enlever délicatement le sac en plastique qui bouche la canette de bière, en équilibre sur un fatras de médicaments et de vêtements. Boire une gorgée. Murmurer à Gamine, son énorme chienne brune : « Encore une journée de tirée. » Elle ne vit plus avec lui, depuis que la justice la lui a retirée : c'est une photo usée que Tintin caresse du bout des doigts. Il l'appelle « mon ex », à la manière d'une femme. Tintin fixe l'image le temps que ses yeux se ferment, espérant que le sommeil prendra les souvenirs de vitesse et qu'il ne verra pas surgir derrière ses paupières closes la silhouette mince de Thomassin, qui s'avance clopin-clopant.

Parfois, un bruit le fait sursauter dans l'épaisseur de la nuit. Ça doit être eux, les gendarmes. Il se relève sans allumer. Par sa fenêtre, il croit voir des uniformes qui l'observent à la jumelle depuis le HLM en face. « Longtemps, j'étais un salopard et il ne m'est rien arrivé. Maintenant que je suis honnête, on m'accuse. Je suis innocent, je le jure, mais je vais prendre trente ans. » Pour arrêter le tremblement qui le secoue, il a appris à serrer la mâchoire, à s'en briser les dents. Il les souderait, s'il pouvait. Au moins, il voudrait monter encore une fois à la ferme Beauregard, son paradis.

Sur la montagne, chez les Mercier, ni les deux frères ni la sœur ne se sont jamais mariés. À quel bal, à quelle noce auraient-ils rencontré quelqu'un ? Pour aller danser, il aurait fallu un temps que les travaux ne leur laissaient pas. Et qui aurait voulu les suivre là-haut, quand le plastique arrosait la vallée ? Le frère aîné n'y poussait pas, au contraire, il disait : « Si ça se trouve, on nous enverrait des femmes pour nous voler la ferme. Ils nous prennent pour des idiots. » Rambo était son surnom, depuis qu'il s'était recousu le visage lui-même après un accident en forêt.

Vaguement despote, lui seul décidait et détenait le privilège de conduire le tracteur, leur unique moyen de transport. Chez le concessionnaire, les employés l'avaient regardé entrer en se poussant du coude. Sans autre discours, Rambo avait désigné le plus cher et tendu une boîte rouillée avec le prix exact, tout en billets. Pour la ferme et les bêtes, les Mercier voulaient l'équipement le plus moderne, eux qui ne s'accordaient rien, même pas l'eau ou le chauffage.

Chaque quinzaine, Rambo garait le tracteur sur le parking de Carrefour à Montréal. Sucre, riz par sacs de cinq kilos, une conserve de thon pour le dimanche, éternellement la même liste. Arrivé devant les caisses, il les balayait d'un œil aigu, comme il le faisait de ses vaches dans l'étable. Les employés retenaient leur souffle derrière leur tapis roulant, les jeunes filles surtout, qui oscillaient entre le fou rire et le frisson. L'aîné des Mercier finissait par fondre sur l'une d'elles, dans son bleu de ferme rapiécé, bras nus et bottes en caoutchouc par tous les temps. Il sortait son porte-monnaie (mais cette chose sans forme ni couleur était-elle toujours un porte-monnaie ?) et faisait glisser les sous dans sa paume (là encore, était-ce vraiment une main, cette serre d'oiseau aux ongles violacés, recroquevillée par l'arthrose et les travaux ?). Puis il agitait le tout sous le nez de la caissière pour qu'elle y pioche la somme. Les filles réprimaient un recul au moment de glisser leurs doigts entre ceux de Rambo. Même les pièces étaient imprégnées de cette grosse odeur de ferme et restaient longtemps reconnaissables parmi les autres.

Depuis l'achat du tracteur, une légende s'était répandue : les Mercier cachaient un trésor à Beauregard. Quand ils avaient quitté la ferme en 2007, plusieurs villages avaient lancé des expéditions à la recherche du magot. On n'en revenait pas de pénétrer enfin en ce lieu, inaccessible depuis tant d'années. On avait sondé les murs, soulevé les lames des planchers, dévasté le four à pain. Tintin aussi avait participé. Un jour, forçant la porte d'un appentis, il était tombé en arrêt : la pièce entière débordait de livres, par milliers, tous de la collection « Nous deux ». Les couvertures promettaient « passion », « émotion », « romantisme ». À travers les pages cornées et fatiguées, se devinaient les nuits blanches hors du monde des reclus de Beauregard, passées à lire des histoires tendres, jusqu'à perdre le souffle. Tintin en avait glissé un dans sa poche. *Je t'aimerai toujours*, soufflait le titre.

Le médecin a prescrit à Tintin une nouvelle cure, à Oyonnax cette fois, vers la zone commerciale à la sortie de la ville. Il sort faire quelques pas. Ses genoux s'entrechoquent, comme habités d'une vie propre. Près d'un vendeur de voitures et d'un club de fitness, il tombe. C'était déjà arrivé, il avait toujours fini par se relever. Personne n'y prend garde.

Le 7 septembre 2016, Tintin est mort seul au bord d'un rond-point.

36

Marie de Laubier s'avance vers Thomassin. Plus de vingt-cinq ans après le tournage du *Petit Criminel*, ils se retrouvent, chacun portant le même sourire timide sur le visage. Elle l'embrasse, avec précaution toutefois : un bras de l'acteur disparaît dans un plâtre hérissé de tiges en métal. Son torse est sanglé dans un corset jusqu'au menton, son crâne rasé à blanc pour les besoins de la chirurgie.

Toujours poursuivi pour le meurtre de Catherine Burgod, Thomassin a bénéficié d'une libération provisoire quelques mois plus tôt, en juin 2016. C'est la loi pour éviter les détentions arbitraires : nul ne peut rester incarcéré plus de trois ans sans être jugé. À sa sortie de prison, une association d'insertion vers Bordeaux avait accepté de le prendre en charge, section entretien des espaces verts. La formation l'ennuyait. Lui rêvait de Rochefort, de Corinne, de reprendre sa vie, ou ce qu'il en restait. Un matin, à l'heure de partir à son stage, Thomassin avait enfilé sa tenue de travail et s'était assis sur le rebord de la fenêtre à la cuisine. Il avait compté jusqu'à cent et s'était jeté deux étages plus bas. Pronostic vital engagé.

Après un séjour en soins intensifs, et l'ablation d'un rein, Thomassin vient d'arriver dans un service psychiatrique à Bordeaux. « C'est ma cinquième tentative de suicide », il annonce d'un ton enjoué à Marie de Laubier. Les médicaments rendent ses mouvements traînants. Il rit. « C'est sûr, j'ai pas une gueule de porte-bonheur. »

La plupart de ses affaires ont été confisquées au bureau des admissions de l'hôpital, notamment le chargeur de son portable. On peut se pendre avec, explique le personnel. Marie de Laubier en doute, mais Thomassin hoche la tête, façon expert. « Si, si, c'est possible. »

Un grand platane baigne la chambre de sa pénombre verte. Les infirmiers se relaient pour jeter un œil par la porte. Planqué derrière le lit pour échapper à leurs regards, Thomassin enfourne le hamburger Spécial fromage-bacon qu'il a expressément commandé à Marie de Laubier. Toute nourriture venue de l'extérieur est interdite. Le reste du sandwich finit planqué sous un tee-shirt au fond de l'armoire. Il le garde pour la nuit.

Une infirmière s'arrête : « Mais je vous reconnais ! Vous êtes déjà passé ici. C'était en 1998, non ? Vous étiez resté combien de temps ?

– Sept mois », dit Thomassin, essayant de dissimuler qu'il a la bouche pleine.

Hochements de tête, entre vieilles connaissances.

« On ne vous a pas oublié, monsieur Thomassin. Bienvenue. »

Ses paupières rouges et translucides papillotent sous le néon. « Moi aussi, ça me fait plaisir. »

Beaucoup trouveraient la situation désespérante. Thomassin, lui, se met à tapoter son oreiller, en homme qui prend ses quartiers sur un terrain familier. Devant le réfectoire, il consulte le menu. Un grand garçon souriant, que les autres tiennent pour un génie en mathématiques, est déjà en train de l'étudier. Le dessert – une compote – devient aussitôt un sujet de discussion endiablé. Marie de Laubier propose de regarder les repas des jours suivants. Le grand type se récrie : « Surtout pas ! Sinon qu'est-ce qu'on va faire demain ? »

Thomassin renifle les lieux, cherchant à voix basse auprès de ses voisins comment se procurer de la bière. C'est interdit aussi. Soudain concentré, il se met à arpenter le couloir, répétant : « Forcément, il y a un moyen. » Il se tourne vers Marie : « Au fait, j'ai bu quatre canettes en dix-sept jours, tu pourrais me féliciter. » Elle s'inquiète plutôt : « Tu n'as pas de télévision dans ta chambre ?

– Ici, on regarde la télévision tous ensemble », explique Thomassin. Ce jour-là, le poste est allumé, volume à fond dans une pièce vide, tandis que dans celle d'à côté trois personnes sur le canapé fixent en silence un mur aveugle.

Sous le préau, des raquettes et des balles sont posées sur la table de ping-pong. « On n'a pas forcément le courage de jouer à cause des cachets », dit une jeune fille aux yeux d'un gris ardoise. Elle se présente à Thomassin : « Je suis bipolaire, parfois je monte tout en haut. » Chacune de ses phrases reste d'ailleurs suspendue en l'air, avant que la suivante démarre. « La coke, on en trouve à quarante euros. » Un silence. « J'ai eu des ennuis avec la justice. » Autre silence. « Bref, j'abrège : ma mère ne savait plus quoi faire avec moi. » Maintenant, ses mots se bousculent tous à la fois. « Avant d'arriver, je me suis mangé l'hôpital de Cadillac. Il y a une unité pour personnes, enfin, tu vois ce que je veux dire ? On te ficelle sur ton lit, ça s'appelle la contention. Je l'ai eue pendant soixante-douze heures. Ici, tu verras, c'est le Club Med. »

Thomassin se lance à son tour dans son CV, avec un sourire prometteur : « Eh bien moi, j'entends des voix, deux hommes et parfois une femme. Carole, elle s'appelle. » La jeune fille aux yeux d'ardoise se renfrogne, déçue. « Mais tu crois quoi ? On entend tous des voix ici. » Elle se met à trier les médicaments prescrits à Thomassin. « Jette ces deux-là, sinon tu vas devenir un zombie. »

Une femme danse seule, minerve et pantalon rouge, ses bras tournent en hélice dans un vent humide et tiède. Ceux qui jouaient à la pétanque se sont rassemblés autour de Thomassin, curieux du nouveau venu. Il annonce : « Je suis acteur et accusé de meurtre. » La petite troupe s'éparpille en désordre, comme sous l'effet d'une bombe lacrymogène. « Ça y est, ils nous ont encore envoyé un dingue qui raconte n'importe quoi », proteste la danseuse en minerve.

En son temps, le père de Thomassin avait déjà été interné dans ce même hôpital. Mémé le lui a raconté, en lui montrant une photo, la seule image que le fils ait jamais vue de lui. Dans la glace de la salle de bains, il avait longuement comparé le vert de leurs yeux respectifs. D'aussi loin qu'il s'en souvienne, sa mère détruisait systématiquement ce qui concernait la branche paternelle de ses garçons. Elle leur avait fait jurer de ne jamais s'en approcher. Une fois majeur, c'est la première chose que Gérald avait faite en quittant le foyer, après *Le Petit Criminel* : se précipiter vers Mémé Thomassin, cette famille fantasmée et redoutée, du bassin d'Arcachon.

Là, il s'était découvert six oncles, presque tous passés par la Ddass, quelques-uns adoptés par de bonnes gens, d'autres en prison ou dans l'alcool. Certains étaient déjà morts, dont le père de Thomassin.

Deux ou trois oncles étaient restés arrimés chez Mémé. Ils n'en revenaient pas de voir débarquer un neveu, auréolé de gloire, de l'argent plein les poches. Pour Thomassin, ç'avaient été de longues retrouvailles incandescentes. Pendant des heures, il restait accroupi au bord du lit médicalisé de Mémé. Un jour, elle lui avait pris la main. Il avait senti tout son corps tressaillir. Mémé lui avait donné un coup de canne sur la tête, en lui lançant avec sévérité : « Toi, tu es un innocent quand il s'agit d'amour. »

Tout de suite, il avait été d'accord pour se faire plumer. Mieux, il en redemandait. Il avait habillé et meublé ses oncles autant qu'ils le voulaient, claquant tout et avec plaisir, leur choisissant de la marque, pour les machines à laver comme les chaussettes. Sa grande fierté était de leur offrir des bijoux. Il avait insisté pour payer à Jérôme, son petit frère, des Nike Air Jordan et une bague en or. Autour du bassin, ça se bousculait pour sortir avec l'enfant-vedette qui régalait son monde. Parfois, un oncle ou l'autre se demandait : « Mais celui-là, il est stupide, ou quoi ? » Il ne circulait qu'en taxi, prenait l'avion dès qu'il pouvait. Les voisins l'appelaient l'Américain. Il enchaînait les excentricités, buvait de manière immodérée, sûr de pouvoir tout se permettre. Ses pourboires étaient si délirants qu'ils finissaient par effrayer. Devant les scandales grandissants, ses oncles avaient fini par le chasser.

Longtemps, son refuge s'est appelé Pantin, le quartier de sa mère avant qu'elle soit expulsée. Dans la cité, les jeunes rayonnaient d'admiration pour lui quand il venait entre les tournages. « Je suis là incognito », il crânait. Ils lui fournissaient ce qu'il voulait, crédit illimité, shit, ecstasy, TNT, coke. Thomassin avait son nom dans les journaux, il travaillait dans le cinéma, un intouchable. L'acteur et eux passaient des heures à se raconter les hypothétiques trafics dont ils ne manqueraient pas d'inonder bientôt la planète. Lui se rengorgeait : on l'adoubait chez les dealers, enfin. Il devenait le Parrain, il devenait Scarface. Immanquablement, ses cachets s'évaporaient en quelques jours, entre les dettes et les embrouilles.

À Pantin, il finissait toujours par grimper au huitième étage d'un bâtiment en brique de la rue Stendhal. Mme Lebon et ses fils ouvraient la porte pour l'embrasser, une vraie mama, mais blanche. Il se laissait dorloter et protéger, comme au temps où sa mère le plantait sur le paillasson des Lebon, les jours où ça allait trop loin chez eux. C'est là, sur un bout d'étagère, qu'il était venu déposer son César, le lendemain de la cérémonie. À chacune de ses visites, il le saisissait délicatement pour le polir avec une brosse à dents et du vinaigre blanc. Lui seul avait le droit de le faire. C'est là aussi qu'il avait pour la première fois osé regarder *Le Petit Criminel.* Il se cachait les yeux, geignant qu'il était nul sur les genoux de Mme Lebon. « Et maintenant, qu'est-ce que tu pourrais souhaiter ? » elle lui avait demandé. Et lui : « J'aimerais laisser un nom de famille bien. » L'appartement des Lebon avait été l'unique endroit sur terre où Thomassin s'était senti en sécurité. « Le monde normal, il ne l'aura jamais connu », elle disait en parlant de lui.

Un jour, sur l'étagère, il a attrapé son César. On est en 1995, il a vingt et un ans, trois films tournés cette année-là, déjà plus un sou. Le nom d'une boutique spécialisée lui a été glissé par un de ses créditeurs. Il vend la statuette six mille huit cents francs.

Il n'est plus retourné chez Mme Lebon.

37

Le miracle a lieu à la brigade de Nantua, un de ces jours où le téléphone n'arrête pas de sonner chez le planton de permanence. Un dénommé Nain est en ligne, furieux : il vient de lire dans *Le Progrès* que Thomassin a été mis en liberté provisoire. « C'est un type dangereux. Il va récidiver, faites votre travail », tempête Nain dans le combiné. Quand l'acteur habitait Montréal-la-Cluse, les deux hommes se fréquentaient.

À Nantua, tous les gendarmes connaissent Nain, un petit bonhomme aux paupières tombantes, la trentaine, une larme tatouée sur la joue droite et un casier judiciaire haut comme lui, une sorte de bric-à-brac de prétoire : stups, bagarres, outrages, vols de vélos, cambriolages. La dernière fois, il s'était battu avec un pompier qui n'avait pas ramassé la crotte de son chien. Nain doit forcément savoir quelque chose pour se mêler de l'affaire sans qu'on lui ait rien demandé, estime l'adjudant qui a reçu le coup de fil. Mais comment le faire parler ? Depuis le début, les enquêteurs ont l'impression que ce petit milieu se mure dans le silence sitôt que les questions se précisent autour du crime de la poste. Une première convocation directe tombe d'ailleurs à l'eau.

Il faudrait essayer d'interroger Nain de manière plus informelle, au détour d'une visite à la gendarmerie sur un autre sujet, en off, écrira plus tard une magistrate.

En septembre 2016, à la brigade, l'adjudant finit par aborder le sujet avec Nain entre la photocopieuse et le guichet d'accueil, alors qu'il lui montre un album photographique sans rapport avec l'affaire de la poste. L'adjudant donne sa version de leur échange à ses collègues de la section de recherches, venus l'entendre à Nantua : Nain a fini par lui lâcher qu'il était à l'extérieur du bureau de poste avec Tintin, pendant que « l'autre » – pour désigner Thomassin – était à l'intérieur, laissant entendre qu'il était l'auteur du crime. « Évidemment. » L'adjudant ne lui a demandé aucune précision : Nain lui paraissait avoir peur que l'acteur l'implique davantage s'il déposait contre lui. Il voulait éviter de le bloquer dans ses retranchements. Pour l'adjudant, ce témoignage est digne de crédit. Il le confirme au magistrat instructeur : « Les détails de ses déclarations verbales démontrent que Nain a pu être présent au moment des faits. L'impression qu'il me donne est qu'il a besoin d'en parler ou de s'épancher. »

Au palais de justice de Lyon, la nouvelle provoque une bouffée d'adrénaline dans le cabinet des deux nouveaux juges d'instruction, un de ces moments magiques pour lesquels ils ont sans doute choisi de faire ce métier. Saisis du dossier depuis un an, ils avaient surtout ordonné de nouvelles analyses autour de la scène de crime, pour détecter d'éventuelles traces génétiques supplémentaires, celles de Thomassin par exemple. Mais rien. À la longue, ce dossier-là finissait par mettre mal à l'aise : « un bâton merdeux », disait-on dans les couloirs du tribunal. Plein d'analyses prometteuses, d'écoutes et d'interrogatoires décisifs, mais qui ne débouchent finalement sur rien. Cette fois, ce Nain tombé du ciel serait la première personne directement impliquée à parler.

À nouveau, les enquêteurs se concentrent sur cette petite faune locale, qui vacille entre Nantua et Montréal, une trentaine d'habitués, parfois un peu plus, parfois un peu moins, selon les époques et les personnages. Sur la pelouse au bord du lac ou le terrain de pétanque derrière Carrefour, se retrouvent un ex-légionnaire porté sur la bouteille, Nain et un de ses neveux, une ancienne prof au RSA ou un aveugle célèbre pour avoir arboré la première crête punk dans les rues de Nantua. Il y a Bouclette aussi, qu'on suspecte d'être dealer ou indic, parfois les deux. Longtemps, Bouclette a partagé sa vie avec Arsène, un python albinos de deux mètres cinquante. Il lui avait avalé la main un soir, la préférant au cochon d'Inde qu'il lui présentait pour son dîner. À l'arrivée des urgences vétérinaires, Bouclette hurlait : « Coupez-moi la main, mais ne tuez pas Arsène. »

La plupart n'ont pas de passé judiciaire. Ils vivent à la marge, voilà tout. Quelques autres se sont aménagé des petites spécialités – drogue, larcins, extorsion de fonds, qui constituent le courant de la délinquance locale. Chacun s'y tient, reproduisant consciencieusement le même mode opératoire, à croire qu'ils le font exprès. La brigade les connaît par cœur, elle sait où aller les chercher et vérifie à peine les dates de naissance au début des gardes à vue.

Les gendarmes les entendent l'un derrière l'autre. Tous connaissent Thomassin, de près ou de loin. « Un acteur, ça marque », relève quelqu'un. Tous confirment qu'il était devenu un de leurs sujets de conversation favoris. Mais les auditions s'effilochent dans un brouhaha de ragots et de suppositions. « Selon moi, comme il se rendait souvent au bureau de poste d'après ce que j'ai lu dans le journal, la dame a dû le reconnaître et c'est pour ça qu'il l'a tuée. Je pense qu'il avait des complices et je me demande pourquoi il ne les a pas balancés », explique par exemple un ex-serveur aux enquêteurs. Ou un autre : « Thomassin a dit qu'il avait crevé la postière et que le sang avait giclé à plus de trois mètres. » À qui l'aurait-il dit ? « En fait, c'est peut-être une rumeur. »

Convoqué à son tour en mars 2017, Nain ne fait pas le rapprochement avec l'affaire. Pas de quoi s'affoler, il se dit. « La garde à vue, j'y vais depuis que je suis tout petit, j'y suis passé au moins cent cinquante fois. » Il n'a d'ailleurs jamais eu l'idée de se plaindre des coups de bottin reçus sur la tête ou de son nez cassé contre un coin de table pendant un interrogatoire, quand il s'était mis à « insulter les mères de tout le monde ». Nain philosophe : « J'ai toujours été frappé en garde à vue, sauf quand je suis devenu un homme et que j'ai pu me défendre. » Cette fois, on lui signifie pourquoi il est entendu. « J'ai senti mon cerveau se retourner : ça y est, ma vie, elle est détruite. S'ils veulent me mettre dedans, ils peuvent. Moi, qu'est-ce que je vais faire ? »

Il reconnaît avoir eu « des petits soupçons sur Thomassin, comme tout le monde ». Pour être sincère, lui aussi avait essayé de lui faire avouer le meurtre, traînant à la Grotte des soirées entières à écouter les trois CD de Thomassin – du reggae, en plus – en éclusant ce qui leur tombait sous la main. Sans même parler de cimetière ou de couteaux, il avait pensé : « Un acteur peut mentir, c'est connu, surtout lui qui joue toujours des crapuleux. » L'arrestation de Thomassin lui avait semblé dans l'ordre des choses, sa libération l'avait outré. « Je me suis senti roulé : il était dehors alors que mon cousin avait pris six ans pour trafic de drogue. » Il avait appelé les gendarmes pour protester, il l'avoue sans peine. Mais nie absolument avoir confessé à l'adjudant une quelconque participation au braquage et au meurtre. « Les gendarmes ont rajouté des phrases. Un petit mot et ça dérape à ça, puis à ça. À la fin c'est tout à l'envers. »

L'ADN n'est pas le sien.

Nain est mis en examen et incarcéré pour « complicité de meurtre aggravé, vol avec arme ». Lui aussi risque la perpétuité.

38

Dix ans après le meurtre, Anne G. a envie de rappeler les gendarmes. Est-ce qu'elle leur a bien raconté sa dernière visite à l'agence ? Elle aussi faisait partie de la bande de la poste, elle en était fière. La veille du crime, elle était attablée dans la salle de repos, il neigeait, du brouillard, du gris. Des clients avaient poussé la porte, deux cadres d'abord, venus envoyer un recommandé et qui en avaient profité pour inviter Catherine Burgod à un réveillon. Dans la foulée, un homme était entré, pour un carnet de timbres cette fois. Quand Catherine Burgod avait rejoint Anne G., elle était en colère, comme s'il s'était passé quelque chose. Mais la conversation avait repris sur un autre sujet. Maintenant, Anne G. se surprend à douter. Le laboratoire a trouvé de l'ADN qui ne correspond à aucune des personnes mises en cause : peut-être faut-il chercher ailleurs, l'homme au carnet de timbres par exemple ? Ou bien les deux cadres et leur réveillon ?

Avec Catherine Burgod, elles se connaissaient depuis longtemps. Anne G. vendait des bijoux fantaisie, une charmante échoppe près du pépiniériste. Certains samedis, son amie la remplaçait : elle adorait « jouer à la marchande », comme elle disait. La postière se serait bien vue tenir une boutique, elle aussi, dans la mode et les vêtements. « Les femmes qui ont du pognon ne s'habilleront pas ici, s'était étonné Raymond Burgod. Elles vont à Annecy. C'est plus cher qu'à Lyon, mais elles préfèrent la discrétion. Tu tiendras le coup combien de temps ? Un an ? »

Après le meurtre, la bande de la poste avait d'abord continué de se voir. Les copines n'en revenaient pas qu'aucune d'entre elles n'ait été là le matin du meurtre, contrairement à leurs habitudes. Noël approchait, les préparatifs du réveillon les avaient mobilisées. Sans se concerter, toutes s'étaient résolues à venir un peu plus tard.

Au fil des années, les liens ont commencé à se distendre sans qu'elles l'aient vraiment décidé. « S'amuser, sortir, tout ça, c'était fini pour moi. Je n'avais plus envie de rien », dit Anne G. Elle a rencontré Pierre. « Il m'a littéralement sauvé la vie. » La petite agence n'a jamais réouvert. On y fait du yoga ou des réunions des anciens d'Algérie.

Seule la boîte aux lettres jaune sur la façade garde le souvenir qu'on l'appelait jadis la poste de poupée, et que des femmes en avaient fait leur royaume.

39

Au palais de justice de Lyon, les deux juges d'instruction peuvent se dire qu'on ne les a pas saisis pour rien. Ils ont, à leur manière, apporté du nouveau. Bien sûr, les charges restent ténues, les éléments flous, racontant un contexte davantage qu'ils ne fournissent de preuves. Nain s'est finalement révélé moins probant qu'il n'y paraissait. La confrontation entre lui et Thomassin a d'ailleurs été calme, voire courtoise. Ils se connaissent, en effet, ils en conviennent volontiers, Nain avait dormi plusieurs fois à la Grotte pour éviter de rentrer trop défoncé chez ses parents. Après le meurtre, il avait soupçonné Thomassin, puis sa mère lui avait interdit de traîner avec lui. Les choses s'arrêtaient là, selon eux. Tous deux continuaient de nier.

De nouveau, se pose la question des assises, avec cette fois deux accusés dans le box au lieu d'un, Thomassin et Nain pour complice. Quant à ce qui a pu se passer à la poste, l'hypothèse reste la même : « Un vol commis entre toxicomanes. Le ou les voleurs auraient été reconnus par la victime et l'un d'eux, de rage ou de dépit, l'aurait alors lardée de coups de couteau avant de prendre la fuite. »

Pour le verdict, cette fois encore, rien n'est joué. Un acquittement serait possible mais, aux yeux de la magistrature, la vraie question est désormais ailleurs : peut-on classer sans suite un dossier comme celui de Montréal-la-Cluse, signalé à la chancellerie, qui a bouleversé une région, après une enquête de dix ans par une unité d'élite et deux personnes mises en examen ? La réponse est non. « On a fait tout ce qui était possible, et à un moment donné il faut y aller : présenter le dossier tel qu'il est et laisser les jurés trancher », estime un magistrat. Le procès garderait une certaine tenue : des témoins, des grands avocats, de l'émotion, la famille de la victime appréciera le travail accompli et sera amenée à participer, ce qui est plus intéressant pour elle qu'un rendez-vous dans l'ombre d'un cabinet.

Les audiences promettent même d'être explosives avec des accusés comme Thomassin et Nain, rien à voir avec la haute voyoucratie ou les beaux mecs, qui restent de marbre et laissent leurs avocats ferrailler techniquement, sans laisser affleurer le moindre sentiment. Les deux hommes sont « nature », « bourrés de maladresses, ce qui fait leur intérêt », « spécialistes du free style ». Dans l'enceinte d'une cour d'assises, où s'attisent les passions, tout peut arriver avec eux. Qui sait ? Les professionnels appellent ça « la magie de l'audience ».

Il ne reste plus qu'à rédiger l'ordonnance de mise en accusation.

IV

Le choc

40

Ils n'avaient pas prévu de se voir ce dimanche matin-là, mais un souffle de printemps les a tirés du lit plus tôt que d'habitude. Chacun a roulé vers le village, vitre baissée, seul à bord avec ses pensées. L'un, le grand blond, est arrivé le premier à la terrasse fumeurs du bistrot. Les autres se sont arrêtés, voyant sa voiture par hasard, comme attirés par un aimant. Le plus jeune, parti pour ramener des croissants et de quoi vapoter (« parfum mojito si possible », avait glissé sa fiancée en se rendormant), s'est garé le dernier. Maintenant, ils sont cinq ou six sur la terrasse.

Pour être sincère, ça leur fait du bien de se retrouver. Ils l'espéraient. L'histoire qui agite la vallée les a personnellement secoués. « Le choc. » À tour de rôle, ils martèlent ces deux mots en guise de bonjour, sans réussir à trouver mieux. Un de leurs bons copains vient de se faire arrêter à la société d'ambulances près du lac, où il travaille. Les gendarmes avaient déployé le grand jeu, gyrophare au petit matin, interpellation devant les collègues, et le Bon Copain embarqué subito dans sa tenue blanche d'ambulancier. Au début, on parlait d'un excès de vitesse, mais la nouvelle n'est pas restée secrète longtemps : il s'agit du crime de la poste, ces vingt-huit coups de couteau donnés dix ans plus tôt et qu'on avait fini par baptiser « le mystère ».

Le Bon Copain leur ressemble, « ça pourrait être n'importe lequel d'entre nous », répètent les potes à la terrasse : la petite trentaine, le mariage pour bientôt, l'appartement acheté sur plan avec les chambres d'enfants déjà prévues. Ils se connaissent depuis toujours, nés ici, les parents dans le plastique. Le secteur est reparti maintenant, les usines proposent trois mille emplois. Aucun des potes n'en a voulu. « Un truc de vieux », lâche le grand blond. Il parle avec les anciens, il voit leurs corps, il sait comment ils se sont fait bousculer. Son père a connu cinq patrons, le dernier a failli être chinois, il en est sorti plus lessivé chaque fois. « C'est pas le travail qui manque, c'est la foi », commente le jeune aux croissants. Eux ont voulu une autre vie, mécano, chauffeur poids lourds ou agent immobilier. Le Bon Copain avait passé le permis d'ambulancier six ans plus tôt, il avait su saisir sa chance chez un employeur. Il comptait faire son chemin, « avec pour but ultime de devenir son propre patron ». Tous ont le même rêve.

Dans la région, le rugby tient la vedette, porté par les milieux de l'industrie. Eux sont football à fond, le sport des villages contre celui du gratin d'Oyonnax, ils en ont fait leur fierté, même quand les autres les traitent de racailles pour blaguer. Le ballon rond a rendu l'ambulancier populaire, un beau gars baraqué d'un mètre quatre-vingt-dix, talentueux, qui joue avant-centre sous le maillot numéro 9 à l'AS Montréal-la-Cluse. Pas la peine de chercher, c'est le roi des clubs ici, deux terrains en synthétique, quarante mille euros de subventions par an (dix fois plus que pour le secteur culturel du bourg), le troisième city-stade vient d'être inauguré aux HLM verts. Lilou Morosi, maire pendant vingt-cinq ans, était surnommé Platini. Parlant de l'ambulancier, un de ses entraîneurs dira aux enquêteurs : « Tous les jolis mots qui existent, ce garçon correspond à tous ces jolis mots. » Il y a des années, il avait été suspecté de piquer dans les vestiaires. « Quand bien même : ça ne ferait pas de lui un assassin de postière ! » se fâche le grand blond.

À la terrasse du bistrot, les clients saluent le petit groupe avec cette cordialité appuyée qu'on réserve d'habitude aux familles de malades. « Vous tenez le coup, les gars ? » Une mère de famille vient serrer les mains de chacun. « Solidarité », elle dit. On leur paie un café, encore un, le troisième au moins depuis le matin. Les potes hochent la tête. « Le choc. » Ils essaient de se souvenir de leur dernière soirée, des bons moments ensemble. L'ambulancier aime faire la fête. Parader. Se saper. Fanfaronner. Avec ses premiers salaires, il s'était offert une BMW Série 1 noire et blanche à crédit. « Vous vous rappelez ? En boîte, il avait raconté à une fille l'avoir achetée parce qu'il se faisait beaucoup d'argent dans le foot », s'esclaffe l'un. Surendetté, il avait dû la troquer au bout d'un an pour une Clio d'occasion. Tous éclatent de rire.

Puis le grand blond, retrouvant d'un coup son sérieux : « Pour le meurtre, il aurait gardé le secret dix ans ? Sans se confier à personne ? Et nous, on n'aurait remarqué aucun changement dans son caractère ? » Les tasses refroidissent devant eux, sans que quiconque y touche. Le jeune aux croissants envoie des messages sur son téléphone, histoire de garder une contenance. Il n'y tient plus : « C'est peut-être du racisme ? Des grands Blacks, il n'y en a pas tant par ici. » L'ambulancier est d'origine guinéenne, musulman. Tout le monde balaie l'argument. « N'importe quoi, c'est un enfant du pays, un comme nous. »

À la société d'ambulances, l'affaire de la poste est restée dans les esprits pendant toutes ces années. L'oublier serait impossible, ne fût-ce que pour Raymond Burgod, qui fait partie de la patientèle. Il parle de sa fille à chaque transport, impossible de l'arrêter. Invariablement, il revient sur les mêmes questions, plusieurs fois, toujours identiques : « Est-ce que vous connaissez quelqu'un qui aurait des informations ? » Les années ont adouci son ton, devenu presque une supplique. Thomassin aussi avait été client de l'entreprise, quand il vivait à Montréal. Systématiquement en retard, ingérable, et puis toutes ces rumeurs autour de lui. Il avait été prié d'aller se faire transporter ailleurs. L'ambulancier est le portrait inverse de l'acteur, « un jeune homme qui a toujours donné satisfaction », « investi dans sa mission », « apprécié des clients », entonnent les collègues dès qu'on prononce son nom. En le voyant partir menotté, l'un d'eux avait demandé aux gendarmes : « Vous êtes sûrs qu'on parle du même gars ? Il n'y a pas un problème d'homonymie ? » Longtemps, le placard marqué à son nom avait été religieusement gardé dans les vestiaires. Il le retrouverait intact le jour où il reviendrait, quand la justice se rendrait compte de son erreur et le relâcherait.

41

Dix ans d'enquête, des centaines de personnes entendues, deux hommes mis en examen, près de quatre cents prélèvements ADN, la vallée ratissée dans tous les sens : jamais le nom de l'ambulancier n'était apparu dans le dossier. Les gendarmes auraient pu passer à côté définitivement sans un incident dérisoire, au regard du crime de la poste. Les avancées de la police scientifique ont fini par nous habituer à ces accusés, soudain jaillis d'une éprouvette au fond d'un laboratoire, des années parfois après les faits. Il n'empêche. L'effet de vertige reste le même, à tous les coups, face à ces experts-sorciers.

Dans l'affaire de Montréal-la-Cluse, le mélange de science et de hasard revêt le visage indigné d'une jeune femme, qui avait rencontré l'ambulancier sur Internet en 2016. Un soir, il repart de chez elle en embarquant sa carte bancaire : il retire six cents euros à un distributeur, achète des billets de Loto ou mise sur des paris sportifs. Au commissariat, elle dépose plainte pour vol. Lui soutient qu'elle la lui avait prêtée. Pas le casse du siècle, en somme. Les policiers prélèvent tout de même son ADN, la routine aujourd'hui. Et la procédure végète paisiblement pendant un an.

En novembre 2017, une alerte retentit dans le cabinet des deux juges d'instruction à Lyon. L'ADN d'un ambulancier, né le 28 septembre 1989 au bord du lac de Nantua, a matché au FNAEG avec les prélèvements jusque-là non identifiés sur le monnayeur de la poste à Montréal-la-Cluse et le fameux sac de sport noir siglé Gilbert. Jusque-là, il n'avait jamais eu de problème avec la justice.

Dans le secret absolu, commence alors une nouvelle enquête. Deux expertises supplémentaires confirment la présence du profil génétique du jeune homme. Entre autres investigations, il apparaît aussi que ses comptes étaient dans le rouge à l'époque du crime et que la petite agence était située à moins de cinq kilomètres de l'appartement familial.

Le 23 mai 2018, au petit matin, des perquisitions sont lancées à la fois chez sa mère et chez sa fiancée, bien que les chances soient minces de découvrir des indices matériels dix ans plus tard. Auditionnée, la fiancée aussi travaille dans la santé, du côté de Lyon. Elle n'avait jamais entendu parler du meurtre de la postière et ne connaissait pas l'ambulancier à l'époque. Leur rencontre a eu lieu plus tard, en boîte de nuit. Quand les enquêteurs lui annoncent qu'il est suspecté de meurtre, elle n'arrive pas à réaliser : lui, ce garçon tranquille qui joue à la PlayStation, qui la calme quand elle s'énerve et qu'elle doit épouser dans quelques mois ?

Dans le même temps, le jeune homme vient d'être mis en garde à vue à la section de recherches. Assis face aux enquêteurs, il ne ressemble que de loin à celui qu'il était alors : un lycéen de dix-neuf ans, vivant avec ses sœurs plus jeunes dans un village. Il connaissait la petite poste pour y être allé deux fois, explique-t-il aux gendarmes. La première, il accompagnait sa mère, comme souvent pour les démarches administratives. Elle n'a pas le permis, elle ne lit pas le français. Il se souvient de l'employée, tellement gentille que sa mère la remercie. Elle n'en revenait pas de tomber sur une personne aussi aimable. La postière lui avait conseillé d'en profiter : elle serait bientôt en congé maternité.

À ce stade, la garde à vue de l'ambulancier débute à peine, les enquêteurs ne lui ont pas encore dévoilé leur atout maître, la présence de son ADN sur la scène de crime. Sans savoir donc qu'ils le détiennent, le jeune homme change de ton. Il ne va pas essayer de ruser, dit-il. Il est retourné à l'agence une seconde fois, le jour où il a vu le corps de la postière.

Il avait décidé d'aller chercher un billet de train dès l'ouverture, raconte-t-il, pour rejoindre des potes à Lyon le soir même et qu'ils partent tous ensemble une semaine à Marseille fêter le réveillon. Ce vendredi-là est son dernier jour de stage à l'usine pour le bac pro avant les vacances. Les horaires d'embauche y sont théoriquement plus matinaux que ceux de la poste. Mais l'ambiance sent déjà Noël et le gamin a un sourire désarmant. L'excuse d'une panne de réveil devrait passer. Malgré l'interdiction de sa mère, il prend la voiture familiale en cachette. Il ne lui faut pas dix minutes pour arriver à Montréal et se garer sur le parking de l'église. Il descend vers l'agence, seul.

Selon son récit, le bureau est vide. Il s'avance jusqu'à la pièce du fond. Derrière une porte – elle est bleue, il s'en souvient –, il voit une femme allongée sur le sol. L'odeur de sang le saisit brutalement. Il s'approche pour regarder. Elle ne respire plus. Choqué, il s'enfuit sans toucher à rien, ni prévenir personne. Il est jeune, il est noir, il habite un petit village, il a peur d'être soupçonné. Les jours suivants, il essaie de se renseigner dans les journaux. Puis y renonce. Une fois ou deux, l'envie le prend de se confier à son meilleur ami, mais le courage lui manque. Il pleure beaucoup devant les enquêteurs.

Voilà pour sa première version. Elle va fluctuer au cours de ses deux jours de garde à vue.

Après une nuit en cellule, les gendarmes lui révèlent que son ADN a été trouvé en deux endroits. Ses souvenirs se sont précisés entretemps, dit l'ambulancier. Il a réfléchi. En fait, il s'est penché sur le corps, l'a touché, sans savoir où exactement. Il réalise alors qu'il a du sang sur les mains, sur son jean, sur son pull. Il s'essuie avec le sac Gilbert (qui ne lui appartient pas, il le jure), puis avec un gilet, posé là sur une chaise. Dans un placard – le coffre peut-être ? –, il aperçoit à portée de main une liasse de billets de vingt euros. Il l'emporte, roulée dans le gilet. Avant de ressortir, il jette un œil dehors pour vérifier que la voie est libre.

Une chose lui revient aussi : ce tout petit chien qui se trémoussait au milieu de la pièce.

Ensuite, le jeune homme repasse chez lui faire tourner une machine à laver avec ses vêtements tachés et le gilet, qu'il va jeter dans une poubelle à Montréal, à côté d'une boulangerie. Il s'y achète un sandwich : c'est la pause-déjeuner à l'usine.

L'ambulancier dit qu'il a honte. Ses choix n'ont pas été les bons, il aurait dû appeler les secours, il en a conscience. Mais tout s'est enchaîné sans lui laisser le temps de réfléchir. Il allait devoir mentir à son responsable de stage, en prétextant une panne de réveil, alors qu'il était allé à la poste. Si le lycée le découvrait, ce serait le renvoi. L'administration l'avait prévenu qu'il avait déjà accumulé trop d'absences pendant l'année. Puis, il avait volé cette liasse de billets. Si seulement les choses étaient à refaire… Mais il était si jeune alors.

À nouveau, des pleurs. Ce n'est pas lui l'assassin, il le répète sans cesse. Il n'est pas violent, il ne s'est même jamais battu de sa vie.

Avec l'argent, il a acheté de la nourriture et des bricoles.

Cette année-là, son rapport de stage mentionnait : « Très bonne intégration, bon état d'esprit, volontaire. » Il est en spécialité logistique. « Pas très fun », il trouve. Il espère changer dès que possible.

Bien plus tard, alors qu'il était devenu ambulancier, il avait lui aussi transporté le père de Catherine Burgod. La conversation avait porté sur la mort de sa fille, comme d'habitude. Il aurait voulu en parler, mais il avait eu peur que ça lui ferme des portes, alors qu'il n'avait rien fait, ni rien vu.

Cette dernière arrestation n'a pas innocenté automatiquement Nain et Thomassin. Désormais, ils sont trois à être mis en examen pour meurtre aggravé et vol avec arme. Et trois à nier le crime.

L'ambulancier est incarcéré. Sa fiche indique : « Affaire très importante, détenu fragile, à surveiller. »

42

Le téléphone sonne chez Raymond Burgod. C'est maître Frémion. Chacun de ses appels possède la vertu de transformer en jour de fête l'ordinaire de l'ancien secrétaire de mairie. Frémion lui donne le moral avec sa voix bourrue et sûre d'elle-même, déclenchant chez lui une inévitable salve de « mon cher maître ».

Frémion coupe court aux politesses : « On a peut-être quelque chose, de l'ADN.

– Qui c'est ? » réussit à articuler Burgod.

L'avocat lui donne le nom et l'autre s'étonne : « Ça ne me dit rien. Il serait du coin ? Un gars de Guinée ? Mais qu'est-ce qu'il vient faire dans cette histoire ? » Frémion explique qu'il nie le meurtre, mais pas sa présence dans l'agence, ni un vol. Il se fait pédagogue : « Quand on laisse deux traces génétiques sur une scène de crime, on est forcément impliqué, de près ou de loin. » Et Nain ? Et Thomassin ? Burgod s'étrangle, de plus en plus pressant avec l'avocat. Il n'arrive pas à lui faire dire si l'ambulancier aurait eu des complices. Et si oui, lesquels. Frémion lui concède que cette nouvelle arrestation ne remet pas en cause, à son avis, l'implication de l'acteur. Reste à savoir comment l'enquête évolue.

Burgod se retrouve dans son studio, dix ans d'attente fossilisée dans un enchevêtrement de livres, de DVD, de pièces du dossier, d'où émergent son mug avec un fond de café et ses cigarettes brunes qui tapissent le cendrier. Pas de bibelot, pas de tapis, aucune décoration, rien que des meubles fonctionnels achetés dans la zone commerciale à côté. Encore un peu et le décor serait parfait pour reconstituer le bureau d'un flic dans une série télé, y compris le lit spartiate dans un coin de la pièce. Chaque papier lui rappelle une de ses colères, un de ses désespoirs. Sur le clavier de l'ordinateur, repose un document, écrit deux ans plus tôt à l'intention de la classe politique locale. Burgod tonnait – une fois de plus – contre un complot du silence. « Mesdames, messieurs les élus, nous sollicitons votre appui en causant avec les habitants du secteur pour obtenir quelques renseignements, car il est impossible que personne n'ait rien vu à une heure de passage sur le trottoir. OMERTA. Que justice soit rapidement rendue. »

Au mur, sa lettre ouverte à Thomassin est punaisée, une des dernières en date parmi l'interminable série rédigée au long de la procédure. Avec les années, sa plume s'est emportée, fiévreuse : « Thomassin, tu n'es pas de chez nous, de ce Haut-Bugey qui te déteste. Illettré, inculte, tu as déclaré n'avoir qu'un seul diplôme, le César obtenu pour ton film au titre prémonitoire : *Le Petit Criminel*. Ton metteur en scène ne t'a donné ensuite que des petits rôles, en raison de tes addictions. Tu as tiré sur ta chance, seulement elle t'a pété à ta sale gueule. »

Et voilà que cette troisième arrestation vient jeter une lumière nouvelle sur son sanctuaire, qui est à la fois son réconfort et son tourment. Burgod se demande à haute voix : « Qu'est-ce que j'en pense ? Je ne sais plus. Je navigue comme un bateau sans capitaine. » Trois hommes ? Deux hommes ? Un seul ? Les hypothèses se mettent à défiler. Thomassin aurait-il commis le meurtre avant l'arrivée de l'ambulancier, réussissant à ne pas se faire voir, sans laisser d'ADN et oubliant une liasse de billets bien visible ? Autrement dit, en une demi-heure, deux personnes se seraient succédé dans la poste, sans se connaître, se croiser, ni être vues ? Ou bien elles sont de mèche, l'une aurait aidé l'autre ? Au moins un peu ? Peut-être au guet ? Reste une dernière possibilité. Sa seule formulation lui vrille le cerveau. « Ce serait comme renoncer à une foi. » Et si Thomassin, qui occupe sa vie depuis tant d'années, n'y était pour rien ? Il ne l'avait jamais envisagé.

Burgod se revoit au volant de sa voiture, faisant des rondes de nuit, quand il habitait encore près de la fontaine à Montréal. Dans le coffre, il avait prévu « ce qu'il faut, au cas où ». Il se sentait jeune alors, dans la peau du puissant numéro 2 de la mairie. « Aujourd'hui, est-ce que j'effraie encore quelqu'un ? »

Burgod finit par tuer l'assassin de sa fille. C'est le soir, l'autre se laisse poignarder sans défense, s'offrant presque aux coups, avant de s'effondrer lentement, au ralenti. Burgod essaie de distinguer son visage. Qui est-ce ? Lequel des trois ? Mais les traits se dérobent. Il va laver sa lame au robinet : l'eau froide coulant sur ses mains le réveille brusquement. Il se regarde dans la glace, tenant encore entre les doigts le couteau qui ne quitte plus son chevet. « Je deviens fou. »

43

Thomassin est retourné à Rochefort, il s'est installé dans un appartement avec le frère de Corinne, un molosse qui l'a pris sous sa protection. L'acteur a été prévenu par Camille Radot, le collaborateur de son avocat, Éric Dupond-Moretti, de l'arrestation de l'ambulancier. Thomassin ne manifeste aucune surprise, pas même de la joie. Il doit être le seul dans le dossier à trouver normal ce rebondissement. Ce n'est pas qu'il connaisse le jeune homme qui vient d'être interpellé, son nom ne lui dit rien. « Mais je savais que les gendarmes finiraient par trouver. » Lui imagine déjà l'affaire bouclée et son innocence reconnue. Il se souvient d'un film, où une enquête se terminait d'une manière semblable, inspiré d'un vrai fait divers.

Thomassin se revoit dans la Grotte le matin du crime. Il était allongé sur son lit avec un café, une cigarette et *Magnum* à la télé. Deux gendarmes et un policier municipal avaient sonné comme chez tous les voisins de la rue. Il devait être 10 heures, ou un peu plus. Ils lui avaient annoncé l'assassinat de la postière et demandé s'il avait été témoin de quelque chose. Dans le studio, ils avaient jeté un regard entre le coin cuisine et la salle de bains, scrutant surtout le sol et le lavabo. On lui avait demandé de présenter ses mains pour voir si elles n'étaient pas tachées de sang. Il l'avait fait volontiers. Tout ça n'avait pas traîné. Rien à signaler. Les trois l'avaient salué, en partant continuer leur tournée.

Thomassin avait appris assez vite que la victime était Catherine Burgod, et pas sa remplaçante. Elle était un peu plus âgée que lui, vraiment jolie. Il la connaissait à peine, mais s'était dit : « Tiens, pourquoi pas ? » Il ne se sentait pas amoureux, mais pas loin peut-être. Il lui faisait des sourires en allant chercher son RMI et prenait soin d'acheter ses timbres un à un pour multiplier les occasions. En « manière d'approche », il avait laissé quelques jours plus tôt un exemplaire de son film, *Le Premier Venu*, de Jacques Doillon. Il voulait lui montrer, à elle et sa collègue, qu'il n'était pas seulement un type aux minima sociaux. Il avait attendu un signe de sa part. Elle n'avait fait que son travail. Ils se vouvoyaient avec beaucoup de cérémonie.

Après le meurtre, les enquêteurs avaient trouvé le DVD, en perquisitionnant la poste de poupée. Dans les procès-verbaux de synthèse, il avait rejoint le « faisceau d'indices graves et concordants » : « les deux dames du cimetière », « le projet de braquage » ou « le couteau gravé Gérald ». Les magistrats avaient émis la possibilité qu'il s'agisse d'une sorte d'avertissement crypté envoyé à Catherine Burgod : une menace en relation avec la scène où le personnage joué par Thomassin braque un agent immobilier en lui mettant un couteau sous la gorge.

Pendant le tournage, Jacques Doillon lui avait dit : « Je vois la fatigue sur toi, sur ton visage. » C'était déjà la fin, l'équipe commençait à plier bagage. Lui s'était envolé comme toujours.

Maintenant que l'enquête a éventré son passé, qu'il est nu sur la place publique, il se demande ce qui va arriver. Est-ce que la mère Picolo va ressortir de l'ombre et se planter devant lui ?

Il reste une confrontation à Lyon le 29 août 2019, avec l'ambulancier et Nain, le dernier acte d'instruction. Thomassin a hâte d'y aller. Soulagé. Impatient. Lui aussi a une question qu'il veut poser au juge : « Est-ce que Catherine Burgod avait vu mon film ? »

Maintenant, il va avoir quarante-cinq ans et a l'impression d'être un miraculé. « Chez nous, personne n'a dépassé la cinquantaine. » Quand l'affaire sera finie, il reprendra le cinéma. Peut-être que Doillon aura un nouveau rôle pour lui. Cette fois, il se sent prêt.

44

C'est le grand jour, ou plutôt le dernier pour l'instruction. Le 29 août 2019, les trois mis en examen doivent se retrouver devant les deux juges lyonnais, tous réunis dans le même bureau. À vrai dire, personne n'attend grand-chose de cette confrontation, elle revêt plutôt une valeur symbolique. Théoriquement, il s'agit de vérifier une éventuelle complicité entre Nain, Thomassin et l'ambulancier. Or, aucun ne l'évoque. Nain et Thomassin affirment, chacun de son côté, ne pas connaître le troisième. Lequel confirme : le visage des deux autres ne lui a rien évoqué sur l'album photo des gendarmes. Il ne les a jamais vus, même pas le jour du crime dans les parages de la poste.

L'âge, le milieu, tout les éloigne. L'ambulancier a quinze ans de moins que Thomassin. Au moment du meurtre, il était interne dans un lycée professionnel à Bourg-en-Bresse et vivait en famille le reste du temps. Pas d'alcool, pas de tabac, un sportif qui s'entraînait plusieurs fois par semaine. Aucune connexion non plus n'a jamais été établie entre eux, alors que la téléphonie et les relations de l'acteur ont été minutieusement épluchées, y compris juste après le meurtre.

Nain est le premier à entrer dans le palais de justice de Lyon pour la confrontation. Sa présence paraît presque pittoresque, avec le récent coup de théâtre. Un non-lieu en sa faveur ne devrait pas tarder, personne n'en fait mystère, Nain est tiré d'affaire. Sa mère se tient à ses côtés : elle l'a toujours accompagné partout. À trente-cinq ans, il n'a ni portable ni permis et vit toujours dans le pavillon de ses parents, à Montréal-la-Cluse. Des huit frères et sœurs, Nain est le chouchou. « Je suis resté bébé avec ma mère », il dit. Quand il a traversé sa période héroïne, à l'époque du crime, maman Nain ne supportait pas de le voir souffrir du manque, elle lui glissait des billets de vingt euros en cachette de papa, un entrepreneur gravement malade pour avoir manipulé de l'amiante dans les usines. Quelquefois aussi, elle l'avait conduit s'approvisionner en dope à la gare de Genève.

Nain se souvient de sa première confrontation dans le dossier. C'était quelques mois plus tôt, face à l'adjudant, lequel soutenait avoir entendu Nain avouer qu'il avait fait le guet devant la poste le matin du crime. C'est là que l'affaire avait commencé à prendre une tournure inattendue.

En effet, le CV de l'adjudant en question vient d'être versé dans le dossier : on y découvre qu'il a été muté à Nantua après une erreur dans une procédure, puis une sombre condamnation pour faux et usage de faux en 2013. Nantua n'est pas le genre d'affectation où on souhaite s'éterniser. À la caserne, ça discute volontiers de la meilleure façon d'en partir pour des postes plus excitants ou des boîtes de sécurité en Suisse, qui paient quatre fois plus.

Le juge demande à Nain : « Pourquoi un gendarme inventerait des choses que vous n'auriez pas dites dans une affaire sensible ?

– C'est parce qu'il se retrouve à Nantua dans un bled pourri à cause de son affaire. Il essaie de quitter Nantua. Il veut se rattraper en se faisant bien voir. Je maintiens que je suis totalement innocent. »

Nain continue de tempêter : « J'ai toujours assumé mes conneries depuis l'âge de douze ans. Si on m'avait proposé de faire quelque chose dans cette affaire, je vous l'aurais dit. J'ai eu le malheur de soupçonner Thomassin et d'avoir un petit coup de folie en appelant la gendarmerie. C'est tout. J'ai été assez puni pour ça. »

Son avocat, Gwennhaël De Clercq, a déposé une requête en nullité en sa faveur.

À nouveau, l'adjudant a été muté.

Plus tard, de retour à Montréal-la-Cluse, Nain remarque une grande femme dans la rue. Tous les deux se regardent. C'est la mère de l'ambulancier. Ils s'arrêtent et se saluent.

45

Le soir est tombé devant le palais de justice de Lyon. Thomassin n'est pas venu à la confrontation, qu'il attendait avec tant d'impatience. Camille Radot, son avocat, tourne en rond en regardant sa montre. Quand le dossier lui avait été confié au cabinet Dupond-Moretti, il avait pensé que ce serait le genre de client catastrophique. « Il va arriver en vrac aux interrogatoires, raconter n'importe quoi. » Lui aussi lui avait trouvé une tête de « coupable idéal » aux yeux de la justice. Mais il avait été étonné : l'acteur comprenait l'enjeu des questions, il répondait posément, « ce qui est loin d'être toujours le cas, même avec des gens qui ont suivi de longues études ». Pendant son contrôle judiciaire, Thomassin avait pointé au commissariat consciencieusement des années durant. C'est la première fois qu'il n'est pas présent à une convocation.

Il a fallu deux ou trois jours pour que ses proches s'inquiètent. L'acteur pouvait ne pas donner de nouvelles quelque temps, mais ça ne durait jamais. Sur les réseaux sociaux et dans la presse, son frère lance des appels à témoigner. Le colocataire de Rochefort rugit un repentir : la veille du départ, ils ont passé la nuit à boire ensemble, de bar en bar, jusqu'aux dernières canettes achetées pour le voyage et empaquetées avec le sac de couchage, au cas où la confrontation devait se prolonger. C'était son seul bagage. Le grand molosse sanglote. « Pardon, pardon, on a dépensé tout l'argent du train. »

À bord, Thomassin a été verbalisé à 10 h 18. Pas de billet. Arrivé à Nantes, il devait prendre le TGV pour Lyon, mais des portillons bloquent l'accès à ceux qui n'ont pas de titre de transport.

Une femme l'a vu sortir de la gare, elle a reconnu son visage, les cicatrices surtout. Son paquetage lui bat le flanc, il s'enfonce dans une rue, seul, de son pas qui tangue. Une demi-heure plus tard, vers 13 heures, son téléphone le localise à Beaujoire, une zone commerciale à la lisière de Nantes, connue pour son stade de football. Puis il cesse d'émettre, définitivement. Quand la police réclame les bandes des caméras de surveillance, elles ont déjà été détruites.

Qu'allait-il faire là-bas ? Comment y est-il arrivé ? La trace de l'acteur se perd en plein jour, dans cette ville où il ne connaît personne. Les enquêteurs ne croient pas à une cavale. Il faudrait de l'argent, un réseau et surtout une raison de fuir. Des ennemis, un traquenard ? Son trajet et ses horaires avaient été décidés quelques heures avant son départ, seuls deux ou trois amis étaient au courant. Aucun mouvement n'a été observé sur son compte bancaire ou sa carte vitale. Les auditions se sont succédé dans son entourage et le milieu de la rue à Nantes, en vain.

Une enquête a été ouverte pour enlèvement et séquestration, le motif qui permet de lancer les recherches les plus larges possibles lorsque la justice redoute un drame.

À Rochefort, le grand molosse a été condamné à trois mois de prison pour une bagarre avec un sans-abri qui avait prétendu connaître « le petit criminel » dans une émission de télé. Lui-même a abandonné l'appartement qu'il partageait avec l'acteur pour retourner à la rue.

Depuis le 28 août 2019, Thomassin n'a pas réapparu.

46

À Lyon, depuis la clôture de l'enquête, une autre bataille vient de commencer, feutrée, à l'intérieur même du palais de justice. Avec l'arrestation de l'ambulancier, un clivage s'est créé entre les magistrats. L'ADN du jeune homme retrouvé à la poste et ses aveux partiels laissent peu d'ambiguïtés sur sa présence ce jour-là à l'agence. En revanche, il a toujours nié le crime.

Dès lors, une question se pose : deux hommes ne se connaissant pas peuvent-ils comparaître devant une cour d'assises pour un même meurtre et un même vol ?

C'est la position du parquet de Lyon dans ses réquisitions fin décembre 2019. La magistrate qui les rédige possède une particularité : elle travaillait déjà sur l'affaire lors de son poste précédent à Bourg-en-Bresse et avait soutenu le renvoi de Thomassin devant les assises en 2015. Le hasard des mutations a voulu qu'elle ait été nommée au parquet de Lyon au moment où le dossier était justement dépaysé dans cette ville. Il s'est donc, à nouveau, retrouvé sur son bureau.

Cinq ans et deux nouvelles arrestations ne semblent pas avoir ébranlé ses convictions premières. Pour elle, même s'il n'existe aucun élément à charge direct contre l'acteur (ni ADN, ni arme du crime, ni butin, ni vidéo), « la somme des éléments indirects ne peut se résumer à une succession de simples coïncidences mises en scène par un déséquilibré féru de scénarios cinématographiques criminels ». Et d'énumérer une fois encore le DVD, le couteau ou « une faculté théâtrale à endosser le personnage de l'homme meurtri au point d'aller pleurer sur la tombe de sa victime ».

La magistrate elle-même reconnaît que le renvoi de Thomassin et de l'ambulancier « ne résiste pas à une analyse cohérente ». Néanmoins, elle argumente : « Force est de constater que si, s'agissant de Gérald Thomassin, sa personnalité correspond parfaitement au profil du criminel ayant sauvagement donné la mort à Catherine Burgod, mais n'ayant laissé aucun indice ou trace derrière lui, il en va du contraire concernant l'ambulancier, qui a signé sa présence en laissant son ADN sur les lieux du crime, mais en décalage absolu avec le profil du tueur. » Elle demande donc d'envoyer les deux hommes côte à côte dans le box.

Quant aux deux juges d'instruction, ils s'appuient sur un raisonnement inverse. Cette interminable enquête a permis de recueillir des « éléments troublants que l'on peut qualifier d'indices » contre Thomassin, expliquent-ils. Mais « leur examen ne résiste pas (ou plus) aux derniers éléments recueillis dans le dossier, qui constituent eux des charges solides » contre l'ambulancier. Les deux juges vont même plus loin, lorsqu'ils analysent la filmographie de l'acteur. Loin d'en faire un casier judiciaire parallèle, comme la magistrate du parquet, ils la considèrent, au contraire, comme un élément à décharge. « Sa personnalité particulière, sa confusion entre ses films et la réalité quotidienne, sa marginalité, son passé d'acteur soucieux de se mettre en avant et de tirer la couverture à lui, ses addictions multiples et très ancrées permettent de relativiser ses dires et gestes. » Ils prononcent un non-lieu pour lui et demandent le renvoi de l'ambulancier seul devant les assises.

Chargée de trancher, sur appel du parquet, la chambre de l'instruction confirme le 26 juin 2020 la mise hors de cause de Thomassin, estimant que les éléments invoqués ne constituent pas de charges réelles. Face au mystère de sa disparition, elle est la seule à hasarder une hypothèse, presque un mea culpa : « Il y a tout lieu de penser qu'à nouveau convoqué par la justice en 2019, onze ans après les faits, Gérald Thomassin n'a pu supporter cette perspective et qu'il s'est suicidé, alors qu'il était pourtant déterminé à se rendre à la convocation. »

47

La santé de Raymond Burgod inquiète maître Frémion. Il le sent vaciller, s'accrocher à lui de toutes ses forces, répétant : « Faut pas que je crève avant le procès. » Désormais, l'avocat éperonne furieusement la procédure : « Je veux que ce dossier avance, que M. Burgod le voie aux assises. » Il s'est donné pour mission d'emmener son client jusqu'au banc de la partie civile, « en le portant sur mon dos s'il le faut ».

Le 12 décembre 2019, sa fidèle assistante compose le numéro de l'ancien secrétaire de mairie. Entre les deux hommes, les coups de fil sont devenus un sketch, avec le temps. Burgod décroche, impatient comme toujours, commençant de son tremblant : « Du nouveau, mon cher maître ?

– Il est mort, répond l'assistante.

– Comment ça, mort ? sursaute Burgod.

– Là devant moi, dans le cabinet, d'une crise cardiaque. »

Une jeune consœur a récupéré les dossiers de maître Frémion. Une page se tourne pour Raymond Burgod. C'est elle qui lui apprend que l'ambulancier sera seul dans le box aux assises, sans Nain ni Thomassin qui bénéficient d'un non-lieu. « Cette fois, on est cuits », pense Burgod. Avec Frémion, il aurait lâché sa réflexion à voix haute et ils auraient commenté la décision ensemble. « On croyait tellement à la culpabilité de Thomassin, tous les deux. On se soutenait. Je voulais un coupable, on m'en avait servi un parfait sur un plateau. » Devant sa nouvelle avocate, il n'ose aucun commentaire. Il se sent un peu orphelin.

Au bout de quelques jours, Burgod a arrêté sa décision : « Je détruis le chapitre Thomassin et je passe à celui de l'ambulancier. » Parler de deuil serait indécent. De renoncement, c'est sûr. Rassemblant son courage, il a retiré ses affiches une à une des murs de son studio. Ne restent que les photos de sa famille et sa galerie de vedettes personnelles, Che Guevara, une petite Afghane aux yeux verts, Louise Michel ou une chanteuse française. Seul vestige : la gravure d'une exécution publique.

De temps en temps, l'image de l'acteur revient le visiter. Pourquoi ne serait-il pas complice de l'ambulancier ? Il chasse l'idée, très vite. Puis tente de tisonner sa colère en se remettant à l'ordinateur pour envoyer un mail « contre la lenteur des procédures ». Finalement, il abandonne. Sur les archives d'un site de foot, il a récupéré une photo souriante de l'ambulancier. Il essaie de lui parler comme il le faisait avec l'autre, l'acteur : « Alors, ce serait toi, mon petit ? » Il a du mal à se concentrer, à apprivoiser l'hypothèse avant le procès aux assises. « Ma fille devait le connaître, il était venu avec sa mère quelques jours plus tôt. Elle a dû lui dire : "M'emmerde pas, je sais qui tu es." » Burgod réfléchit un moment. « Est-ce qu'elle tient, mon histoire ? » Il soupire. « Non, elle ne tient pas. Avec Thomassin, il y avait un scénario, de l'émotion, l'envie d'y croire. »

Il reprend le dossier, les documents un à un. « Ça ne sert à rien », le gronde son petit-fils. Il répond : « Je sais, mais j'ai tellement peur d'oublier quelque chose », tout en continuant de lire. Raymond Burgod a l'impression que sa tête le trahit, des pans de sa mémoire se floutent. Il passe la main dans ses cheveux que le coiffeur a laissés un peu plus longs sur les oreilles, un doigt à peine. « Comme quand j'étais jeune. »

Il a du mal à penser que sa fille a pu être tuée par quelqu'un sans rapport avec elle. Un parfait inconnu.

Remerciements

Merci à tous ceux qui m'ont aidée à faire ce livre, à Nantua, Montréal-la-Cluse et ailleurs.

Une pensée pour Olivier Cohen, François Stefanaggi et Yasmina Reza.

Un salut fraternel à mes amis au *Monde* et à l'équipe de *M*, qui m'a la première donné envie de partir dans le Haut-Bugey.

Table

RÉALISATION : NORD COMPO À VILLENEUVE-D'ASCQ
ACHEVÉ D'IMPRIMER SUR ROTO-PAGE
PAR L'IMPRIMERIE FLOCH À MAYENNE
DÉPÔT LÉGAL : FÉVRIER 2021. N° 0985-04 (97988)
IMPRIMÉ EN FRANCE